선묵혜자 스님과
마음으로 찾아가는 108산사순례기도회
불교입문서

선묵혜자 스님과 마음으로 찾아가는
108산사순례기도회

불교입문서

초판 1쇄 | 2011년 8월 1일
지은이 | 선묵혜자 스님
펴낸이 | 김성희
펴낸곳 | 아침단청

출판등록 | 2011년 3월 28일(제2011-15호)
주소 | 서울시 광진구 능동 279-3 길송빌딩 7층
전화번호 | 02-466-1207
팩스번호 | 02-466-1301
전자우편 | thedancheong@gmail.com

copyright©The Dancheong, 2011, printed in Korea
이 책의 저작권은 저자와 출판사에 있습니다.
서면에 의한 저자와 출판사의 허락 없이 책의 전부 또는 일부 내용을 사용할 수 없습니다.

ISBN : 978-89-966220-1-7 03220

저자와의 협의에 의해 인지는 붙이지 않습니다.
잘못 만들어진 책은 구입처나 본사에서 교환해 드립니다.

선묵혜자 스님과 마음으로 찾아가는

108산사순례기도회
불교입문서

· 선묵혜자 스님 지음 ·

아침단청

불교입문서를 펴내며

불교를 바르게 알고 이해하자

수천 년 전부터 인류는 행복을 추구하기 위해 정치, 경제, 사회, 문화, 종교 등에 많은 관심을 기울여 왔습니다. 심지어 행복의 신앙대상으로서 무속에도 많은 관심을 가져 왔던 것이 사실입니다.

그런데도 불구하고 사바세계에 살고 있는 인류는 평화롭기는커녕 물질적인 욕망과 탐욕으로 인해 갈등이 심해지고 있으며 지금도 세계 곳곳에서 그 시비가 끊임없이 진행되고 있는 실정이며 눈만 뜨면 전쟁이 일어나고 있습니다.

부처님은 2,500여 년 전부터 이를 예지하신 인물입니다. 오늘날 시시비비가 끊이지 않고 살육과 전쟁이 끊이지 않는 것은 바로 인간이 가진 팔만사천 가지 번뇌 때문인데 부처님은 이를 위해 많은 준비를 하고 설법을 펼쳤습니다.

이것이 바로 팔만대장경입니다. 인간이 가진 팔만사천 가지의 번뇌를 팔만사천 가지로 해결할 수 있는 해법을 설한 것입니다. 말하자면, 팔만대장경은 인간이 행복을 느끼며 스스로 제왕으로 누릴 수 있는 삶의 지침서라고 할 수 있습니다.

만약, 괴롭고 고통스러운 일이 있을 때 이 팔만대장경 속에 든 진리의 말씀들을 읽고 살핀다면 우리는 고통 속에서 벗어나 어느 순간 행복을 얻을 수 있습니다. 우리가 불교를 믿는 가장 근본적인 이유는 바로 삶의 괴로움에 대한 해법을 찾을 수 있기 때문입니다.

이 책은 우리 불자들이 불교입문에 있어 반드시 배우고 실천 수행할 것들, 예를 들면 불교라는 기본학문과 실천, 그리고 사찰 내의 구조물을 자세하게 설명해 두었습니다. 이를 바르게 배우고 익혀 우리 불자들이 돈독한 불심을 얻어 행복을 얻기를 바랍니다.

부처님의 기본 가르침인 '신해행증信解行證'을 바탕으로 불자 개개인이 열심히 노력한다면 세상에 이루지 못할 행복은 없습니다. 따라서 '믿고, 이해하고, 행하고, 깨달음'이 매우 중요합니다. 그러므로 하면 된다는 신념과 확신, 피나는 행동과 노력이 따른다면 세상 무엇이든 할 수 있습니다.

우리가 이 같은 정신을 가지고 부처님을 믿고 따른다면 가정에 언제나 행복이 따를 것입니다. 그러기 위해서는 먼저 불교가 무엇인지 제대로 알고 배우는 것이 매우 중요합니다.

— 선묵혜자

차례

불교입문서를 펴내며 · 4

1 부처님의 생애

부처님은 누구인가 · 13
부처님의 10대 제자 · 18
불교의 4대 명절 · 29
불교의 4대 성지 · 32

2 부처님의 팔상성도

도솔래의상 兜率來儀相 · 37
비람강생상 毘藍降生相 · 38
사문유관상 四門遊觀相 · 40
유성출가상 踰城出家相 · 44
설산수도상 雪山修道相 · 47
수하항마상 樹下降魔相 · 49
녹원전법상 鹿苑轉法相 · 54
쌍림열반상 雙林涅槃相 · 60

3 108산사순례기도회

108산사순례는 스님에겐 구법求法여행이며 회원에겐 보현행의 실천 · 71
108산사순례란 무엇인가 · 76
108 불공(佛供)의 의미 · 79
108배의 의미 · 80
108 번뇌란 무엇인가 · 82
108 자비 나눔의 의미 · 83
108공덕의 의미 · 84
108염주의 참된 의미 · 86
108산사 회원들은 모두 보현행원이다 · 88

4 부처님의 위대한 가르침

팔정도 八正道 · 91
사성제 四聖諦 · 93
연기(緣起)의 가르침 · 94
부처님의 법(法) · 102
중도(中道) 사상 · 104
삼법인 三法印 · 107
윤회와 업 · 111
인과설 因果說 · 120
보시 布施 · 122

5 불교입문

종교의 개념 · 127
불자의 자세 · 129
수행과 기도 · 130

6 불자의 수행과 신행생활

사찰방문 • 151
설법을 듣기 위한 방문 • 152
참선을 하기 위한 신도 • 152
기도 불공(佛供) 의례 • 153
대중생활 • 154
공양 예절 • 155
삼함 三緘 • 156

7 깨달음의 진리로 가는 길

육바라밀 수행 • 159
사상(四相) • 168

8 사찰의 구조

사찰의 전각(殿閣) • 173
사찰의 문(門) • 185
사찰의 기타 구조물 • 189
법당의 구조 • 193
불교 의식 법구 • 195
불상(佛像)과 수인(手印) • 204
사리장엄구(舍利莊嚴具)와 복장물(腹藏物) • 223
사찰의 조형물 • 224

9 불교가 가진 7대 특징

불교는 정신(正信)이다 · 229
불교는 남을 제도하는 종교이다 · 230
염세(厭世)가 아니라 구세(救世)이다 · 232
유한(有限)이 아니라 무한(無限)이다 · 232
타력성불(他力成佛)이 아니라 자력성불(自力成佛)이다 · 233
신앙의 대상이 존재하지 않는다 · 234
불교는 종교이며 철학이다 · 236

10 제공의식과 보살수계

사찰에서의 제사 · 239
49재의 의미 · 241
백중날과 조상천도 · 243
구병시식(救病施食) · 245
예수제의식(豫修齊儀式) · 247
방생의 의미 · 249
일곱 가지 불살생(七大不殺生) · 255
보살수계의 서문 · 258
보살 십중대계 · 260

부록1
발원문

반야심경 · 273
자비 발원문 · 279
저녁 발원문 · 284
가내 길상 발원문 · 288
자녀를 위한 부모의 발원문 · 292
부처님 오신 날 봉축 발원문 · 297
성도절 발원문 · 303
첫돌 발원문 · 309
회갑, 칠순, 팔순 발원문 · 313
개업, 이사, 안택, 준공 발원문 · 318
사업 실패, 재난, 천재지변 발원문 · 322

일상 발원문 · 277
아침 발원문 · 282
공양 발원문 · 286
행복한 가정을 위한 발원문 · 290
송년 발원문 · 294
출가절 발원문 · 300
열반절 발원문 · 306
생일 발원문 · 311
취직, 승진, 합격 발원문 · 315
문병, 쾌유 발원문 · 320

부록2
찬불가

삼귀의 · 327
가야지 · 329
108산사의 노래 · 336
보현 행원 · 339
찬양합시다(찬불가) · 342
부처님 오신 날 · 344
성도제의 노래 · 346
열반의 노래 · 349
결혼식의 노래 · 351

사홍서원 · 328
무상게 · 332
청담 큰스님 · 338
산회가 · 340
청법가 · 343
우리 스님 · 345
우란분절 · 348
생일 축하 · 350

제1장

부처님의 생애

수천 년 전부터 철학자와 종교학자들은 마음의 평안과 행복을 위해 다양한 수행방법들을 찾아 왔다. 이로 인해 탄생한 것이 갖가지의 종교들이다. 불교도 그중의 하나라고 할 수 있다. 불교를 언어학적으로 보면 '불(佛)'은 부처님을 뜻하고 '교(敎)'는 가르침을 뜻한다. 이를 풀이하면 부처님의 가르침이다.

불교입문에 있어 우선 불교가 어떻게 탄생한 종교인지를 아는 게 중요하다. 부처님은 어떻게 깨달음을 얻었으며 그 진리는 무엇인가. 그리고 부처님이 전해 주고자 하는 진리의 가르침은 무엇이며 그 위대한 설법과 지혜들은 어떻게 전해지고 있는가를 아는 것이 바른 불자가 되는 지름길이다. 오늘날 불교를 믿고 부처님의 가르침을 따르는 것은 마음의 행복을 구하기 위해서라고 할 수 있다.

부처님은 누구인가

부처님은 2500여 년 전에 세상을 살다 가신 분이다. 그 시대를 살아가면서 당시 모든 사람들에게 결코 잊을 수 없는 감명과 깨달음을 던져 주셨다. 왕자의 직위조차 버리고 구도求道와 성도成道 그리고 중생을 교화하기 위해 보낸 6년간의 수행과 45년간의 설법은 참으로 위대한 일생이었다.

그러한 부처님의 일생은 당시 사람들뿐만 아니라 오늘날 현대인들에게도 깊이 각인刻印되어 있으며 모든 인류의 스승이라 할 수 있다. 부처님의 정신적 깊이와 도덕적 위대성, 뛰어난 지혜와 자비는 그 어떤 성인들도 뛰어넘을 수가 없다.

원래 부처님의 이름은 '고타마 싯다르타'로서 성은 '고타마Gotama'이고 이름은 '싯다르타Siddhartha'이다. 붓다Buddha라는 말은 '진리를 깨달은 사람'이라는 의미인데 우리는 '부처님'이라고 부르고 있는 것이다. 우리들이 흔히 사용하고 있는 '석가모니釋迦牟尼 샤카무니sakamuni'라는 명칭은 '석가족 출신의 성자聖者, muni'라는 의미이다. 이밖에도 부처님은 여러 가지 다른 명칭으로 불리기도 하는데 '여래십호如來十號'라 하여 10가지 이름이 있다. 여래如來, 응공應供, 정변지正遍知, 명행족明行足, 선서善逝, 세간해世間解, 무상사無上士, 조어장부調御丈夫, 천인사天人師, 불세존佛世尊 등이 그것이다. 이 명칭들은 그야말로 부처님께서 이룩한 정신적 초월성과 숭고한 인류애의 표상이라고 할 수 있고 부처님의 인격적 위대함을 나타내는 것이라 할 수 있다. 그럼, 부처님의 어떤 사상이 인류의 모든 사람들에게 경이로움을 전해 주었을까? 또한 불교가 오늘날 세계 최대의 종교로 자리 잡게 된 그 근본적인 이유는 어디에 있을까? 그것들을 이해하는 데 가장 필요한 것이 바로 부처님의 생애이다. 부처님의 생애는 일종의 입으로 전해지는 불전문학佛傳文學이다. 물론, 이러한 경전들은 모두 부처님 입멸 후 수 세기가 지나 편찬된 것이고 부처님의 사상을 찬양할 목적으로 쓰인 것이기 때문에 다소 우화적인 부분도 있다. 하지만 이는 부처님의 전기를 기록한 제자들의 두터운 신앙심 때문이다. 따라서 이러한 우화적인 내용들이 부처님의 위대한 정신적 사상에는 전혀 흠이 될 것이 없다.

이러한 불전문학의 대표적인 것이 자타카Jataka前生譚 本生譚인데 팔리어로 쓰인 고대 인도의 불교설화집이다. 불타의 전생前生 이야기, 즉 불타가 석가족釋迦族의 왕자로 태어나기 이전, 보살로서 생을 거듭하는 사이에 천인天人·국왕·대신·장자長子·서민·도둑 또는 코끼리·원숭이·공작·물고기 등의 동물로서 허다한 생을 누리며 갖가지 선행 공덕善行功德을 행한 이야기 547종을 수집했고, 기원전 3세기경부터는 당시의 민간 설화를 모아 불교적 색채를 가미한 것이다. 이밖에 붓다밤사Buddhavamsa, 佛種姓經, 니다나카타Nidana-katha, 因緣譚, 수해본기경修行本起經, 불본행집경佛本行集經, 중본기경中本起經, 증일아함경增一阿含經 등이 있다.

여래십호 如來十號

부처님의 위대한 덕성을 나타내기 위하여 달리 부르는 이름이 열 가지가 있다. 이것을 여래십호라 부른다.

여래(如來)

여如는 진여를 나타내는 말로 있는 그대로의 진실한 것을 나타내는 말이다. 여란 틀림없는 것, 변하지 않는 것을 말한다. 있는 그대로의 진리는 오직 부처님만이 깨달은 진리이기도 하다. 그러므로 여래란 있는 그대로의 진리로부터 온 말이기도 하다.

응공(應供)

다른 사람들로부터 존경과 공양을 받을 자격이 있는 사람이라는 뜻이다. 또한 복의 밭福田이라고도 하며 이것은 모든 중생이 지혜의 씨앗을 심을 수 있는 훌륭하고 좋은 밭이라는 뜻이다.

정변지(正遍知)

올바르게 깨달음을 얻은 사람이라는 뜻이다.

명행족(明行足)

아는 것과 실천하는 것이 완전한 사람이라는 뜻으로 자신을 비롯한 모든 이의 전생사를 아는 숙명통과 현세의 모든 번뇌를 알고 이를 없앨 수 있는 누진통, 자기나 남의 내세의 일을 아는 지혜인 천안통 등의 세 가지와 신구의身口意 삼업三業으로 짓는 세 가지 업을 원만하게 구족했다는 뜻이다.

선서(善逝)

훌륭하게 완성한 사람이라는 뜻으로 무량한 지혜로 모든 번뇌를 다 끊고 피안의 언덕에 가서 다시는 생사生死의 바다에 빠지지 않는다는 뜻을 의미한다.

세간해(世間解)

출세간으로서 세상을 완전히 잘 알고 있는 사람이라는 뜻이다. 세간의 원인과 그것의 도리를 알아 중생들이 짓는 업과 번뇌를 잘 알고 있으며 그곳으로부터 벗어나는 길을 잘 안다는 뜻이다.

무상사(無上士)

더할 수 없는 최고의 사람이라는 뜻이다. 일체의 모든 법을 통달하여 세간이나 출세간을 막론하고 그들 가운데 더할 수 없이 높다는 뜻이 된다.

조어장부(調御丈夫)

중생을 제도하는 데 훌륭한 능력을 가진 사람이라는 뜻으로 중생을 제도함에 있어 그들의 근기에 따라 여러 가지 방편을 사용함으로써 중생들을 올바른 도에 들게 한다는 뜻이다.

천인사(天人師)

하늘인간이나 땅의 인간을 막론하고 그들의 스승이 되어 구제한다는 뜻에서 붙여진 이름이다.

불세존(佛世尊)

불이란 부처님을 뜻하고 세존이란 인간 중에서 가장 존귀한 분이라는 뜻을 담고 있다.

부처님의
10대 제자

석가모니 부처님이 보리수 아래에서 성도하신 이후 입멸에 이르기까지 그 제자의 수는 수없이 많았다. 그중에서도 특히 열 분의 고명한 제자가 있었다. 이를 석가모니 십대 제자라고 한다.

지혜제일 사리불존자(舍利佛尊者)

석가모니의 10대 제자 중 지혜가 가장 뛰어나 '지혜제일智慧第一'로 칭송되었으며 사리자舍利子라고도 한다. 주로 교화 활동에 종사하였는데 뛰어난 수행력과 통찰력으로 교단을 통솔하는 데 큰 역할을 하였다. 인도 중부의 마가다왕국 수도 왕사성王舍城의 브라만 출신으로, 젊었을 때부터 학문에 뛰어났다. 유명한 논사論師였던 6사외도六師外道의 한 사람인 산사야 밑에서 출가승이 되었다가 불제자 아사지의 가르침을 듣고 깨달아 목건련目犍連 및 250명의 제자들과 함께 불제자가 되었다.

경전 중에는 석가모니를 대신하여 설법한 경우도 적지 않음을 볼 수 있다. 10대 제자 중 수제자이다. 일설에는 부처님이 열반하는 모습을 차마 볼 수 없다 하여 석가모니 부처님께 허락받은 후 고향으로 돌아가 입멸했다고 전해진다. 석가모니는 그를 높이 평가하였다.

사리불의 입멸을 전해 들은 부처님은 "비구들이여 사리불의 지혜와 수행은 뛰어났다. 열심히 정진하여 본래의 법을 바르게 깨달았고 정법을 전하는 데 최선을 다한 제자였다"고 말씀하셨다.

신통제일 목건련존자(目建蓮尊者)

목건련은 마가다국의 라자가하에서 가까운 코리타 마을의 명문 집안에서 태어났다. 사리불舍利佛과 함께 바리사바波離闍婆 외도인 산사야刪闍耶에게서 도를 배우고 학문에 정통하여 일백 명의 제자를 가르치다가 사리불이 석가의 설법을 듣고 법안정法眼淨을 얻었다는 말을 듣고는 제자를 이끌고 불문에 집단 귀의하였다.

석가모니는 목건련을 두고 "시방세계에서 자유자재로 왕래하는 신통력을 가졌다"고 하여 '신통제일神通第一'이라는 칭송을 얻었다. 석가모니의 가르침을 받아 지옥에 빠진 어머니를 구제한 목건련의 효성은 너무나 잘 알려진 이야기다. 대大목건련 또는 마하摩訶목건련이라고도 부른다. 그는 고향에 돌아가 부처님보다 먼저 입멸했다.

두타제일 마하가섭존자(摩訶迦葉尊者)

인도 왕사성王舍城의 거부였던 브라만 미그루다칼파의 아들이다. 어린 나이로 바라문의 딸과 결혼하였으나, 12세 때 부모를 잃고 세속적인 욕망의 허무함을 깨달아 아내와 함께 출가한 후 석가모니 부처님을 만나 가르침을 받고 제자가 되었다.

8일 만에 바른 지혜의 경지를 깨달아 자신이 입고 있는 옷을 벗어 석가모니 부처님에게 바쳤다. 그 후 마을 밖의 쓰레기 더미에서 주워 온 헌 옷으로 만든 분소의糞掃衣를 입고 아라한과阿羅漢果를 얻은 제자이다. 항상 엄격한 계율로 두타행인 금욕22행을 실천하여, 교단教團의 존경과 부처님의 아낌을 받았다.

마하가섭이 사위국舍衛國의 숲 속에서 수염과 머리를 기르고 헌 옷을 입은 채 정진하다가 기원정사祇園精舍를 찾았을 때 비구들은 그를 속으로 경멸하였다. 석가모니는 비구比丘들의 마음을 알아차리고 "잘 왔다. 가섭이여, 여기 내 자리에 앉아라" 하셨다. 그때 석가모니 부처님은 모든 무상無上의 정법正法을 가섭에게 부촉咐囑하고 열반하신 뒤 모든 수행자의 의지처가 될 것이라고 예언하였다. 그만큼 가섭존자가 얻은 공덕은 매우 컸다. 그래서 마하가섭을 '두타제일頭陀第一'이라고 부른다.

그는 바사성婆娑城에 머물다가 석가모니 부처님이 열반涅槃하셨다는 부음을 듣고, 쿠시나가라의 천관사天觀寺로 가서 스승의 관 주위를 세 번 돌고 세 번 절하자, 관 속으로부터 두 발을 밖으로 내밀어 보였다는 것이다. 이것이 바로 삼처전심의 하나인 '사라쌍수곽시쌍부'이다. 그후 마하가섭은 다비茶毘의식을 집행하였다.

석가모니 부처님이 열반한 뒤 제자들을 이끌어 가는 영도자가 되었는데, 그는 오백 명의 아라한들을 모아 아난阿難과 우바리優婆離로 하여금 경經과 율律을 결집結集하도록 하였다.

천안제일 아나율존자(阿那律尊者)

아나율은 석가족의 부유한 집안에서 태어났다. 그는 석가모니 부처님에게 감화되어 일곱 명의 친구들과 함께 출가를 했다. 부처님이 설법을 하시던 어느 날 꾸벅꾸벅 졸다가 "그대는 도를 위하여 출가를 한 것인가, 아니면 오수午睡를 즐기기 위해 출가한 것인가. 출가를 한 지 얼마 되지 않은 그대가 법문시간에 졸고 있는 것은 수행자의 자세가 아니다" 하고 타이름을 받았다.

그날 이후 아나율은 "몸이 썩어 무너지는 한이 있더라도 잠자지 않겠습니다" 하고 맹세한 후 석가모니와 도반들의 만류에도 불구하고 무리하게 잠자지 않다가 눈병이 생겨 실명을 하고 말았다. 그는 그래도 계속 정진하여 시방세계를 꿰뚫어 보는 마음의 눈인 천안天眼을 얻었다.

석가모니 부처님은 그 때부터 아나율을 시방세계를 손바닥의 구슬 보듯이 보는 천안을 가졌다고 해서 천안제일天眼第一이라 불렀다. 심원한 통찰력에서는 그를 따를 사람이 없었기 때문이다. 석가가 입적하던 해 경전을 결집할 때 그 자리에 참석하여 일익을 담당하기도 하였다. 아니루타阿尼樓陀, 아루타阿樓陀 등으로도 불린다.

해공제일 수보리존자(須菩提尊者)

코오살라국 사위성 바라문 집안 출신으로 기원정사를 지어 승단에 기증한 수닷타장자의 조카이다. 어릴 적부터 고금의 책들을 열심히 읽어 매우 총명했으나 성질이 사나워 부모와 친척들 사이에서 큰 골칫거리였다. 그러던 어느 날 지혜와 광명이 넘치는 석가모니 부처님을 보고 감동한 나머지 출가를 했다.

  남다른 열정으로 수행에 전념, 세계와 인생이 인연에 따라 생기고 인연에 따라 소멸할 뿐 불변의 실체란 본래부터 존재하지 않는다는 공空의 이치를 깊이 터득하여 석가모니 부처님으로부터 "공의 선정을 즐기고 공의 진리를 정견하는 것은 수보리가 제일이다" 하여 해공제일이라는 칭호를 얻었다.

  이것이 바로 공의 원리를 바르게 이해함으로써 주관과 객관의 대립이 소멸되어 버린 순수한 상태인 '무쟁삼매無諍三昧'이다. 명석한 통찰력과 뛰어난 분석력으로 깊은 공의 도리를 설파함으로써 많은 사람들을 깨우쳤다. 그는 16나한羅漢 중의 한 분으로 수쿠티라고도 불린다.

설법제일 부루나존자(富樓那尊者)

부루나는 부처님이 탄생하신 날 가비라대성 근처의 부호이며 국사인 바라문의 아들로 태어났다. 잘생긴 풍모와 명석한 두뇌로 어릴 적부터 베다경전을 위시하여 여러 가지 학문을 깊이 공부했다. 세속생활에 안주하지 못하고 친구 삼십여 명과 함께 히말라야에 들어가 고행하다가 석가모니 부처님에게 귀의, 친구들과 함께 출가했다.

그 후 굳건한 믿음으로 정진하여 법에 대한 깊은 깨달음을 바탕으로 탁월한 변재와 고결한 수행자로서의 인격을 갖추었다. 그는 진실이 결여된 설법은 설득력이 없다고 생각하였다. 의식주에 탐닉하여 도 닦기를 게을리한다거나 남에게 보시를 권장하면서 자신이 탐욕에 젖어 있는 것은 불제자가 아니며 또한 불법을 전하는 일을 소홀히 하는 것도 사문의 도리가 아님을 강조했다.

설법 때마다 뛰어난 변재辯才로써 뭇사람들을 기쁘게 하고, 폐부를 찌르는 고언苦言으로 절실한 가책감呵責感을 가지게 하고, 밝은 지혜로써 모든 것이 공空함을 가르쳐 평생 9만 9000명을 제도하고 해탈하게 했다. 이러한 여러 가지 업적에 비추어서 부루나를 불제자 중에서 설법제일說法第一이라 칭한다.

논의제일 가전연존자(迦旃延尊者)

가전연은 남인도 아반타국의 수도인 옷제이의 찰제리 집안에서 태어났다. 집안은 부유했고 아버지는 국왕의 스승인 국사였다. 어릴 때부터 영특해서 한 가지를 들으면 열 가지를 깨우쳤다.

가전연의 외삼촌은 싯다르타 왕자가 장차 부처님이 될 것을 예언한 아시타 선인이었다. 하지만 그는 장차 싯다르타가 성불을 이루었을 때 그분의 제자가 되라는 아시타 선인의 말을 듣지 않았다. 그러던 어느 날 국왕이 석가모니 부처님의 가르침을 듣고 싶다는 부탁을 받고 찾아간 그는 부처님의 법문을 듣고 그 자리에서 출가를 한 인물이다.

그 후 가전연은 열심히 수행하여 부처님의 가르침에 대한 명확한 이론체계를 확립하여 빈틈없는 논리를 바탕으로 인도 전역을 돌아다니며 탁월한 변재를 구사하여 중생교화에 힘쓰고 불법을 전하는 데 온 힘을 쏟았다. 한마디로 그는 뛰어난 포교사였다.

특히 부처님 제자 중 논의論議를 함에 있어 타의 추종을 불허했다. 불경은 경經, 율律, 논論 삼장三藏으로 나눈다. 이 중에서 경은 부처님의 말씀이요, 논은 그 말씀에 대한 해설이다. 가전연존자는 부처님 말씀에 대한 해설로 발군의 실력을 발휘한 제자이다. 논리적 분석력이 탁월하여 간명하게 설한 부처님 말씀에 살을 보태고 피가 통하게 만들었다.

이러한 가전연을 보고 석가모니 부처님은 "법다움과 법답지 않음을 바르게 가려내는 변론은 가전연이 제일이다"라고 하여 가전연을 논의제일論議第一, 또는 분별제일分別第一이라고 부르게 되었다. 설법제일이었던 부루나존자조차 그의 도움을 많이 받았다고 한다. 카타야나라고 부르기도 한다.

지계제일 우바리존자(優婆離尊者)

우바리존자는 가비라대성의 천민 계급인 수타라首陀羅족 출신으로 석가족의 왕가에 들어가 이발사 노릇을 했다. 석가모니 부처님이 성도하신 후 고향에 돌아와 설법을 듣고 일곱 명의 귀족 청년들이 출가를 결심했을 때 그도 함께 출가를 결심했다. 우바리는 귀족 청년들에게 이렇게 말했다.

"저도 부처님 제자가 되고 싶지만 워낙 천한 존재라는 것이 서럽습니다."

귀족 청년들은 우바리를 데리고 함께 부처님 앞으로 나아갔다. 그때 자초지종을 들은 부처님은 우바리를 제자로 받아들일 것을 승낙하고 머리를 깎고 계를 받게 했다. 사실, 당시 인도는 엄격한 '사성계급' 체제 속에 있었으므로 천민 출신인 우바리가 출가를 했다는 것은 석가모니 부처님의 절대평등의 근본진리를 보여 주는 대단한 사건이었다. 그 순간 우바리는 이렇게 생각했다.

"나는 이 세상의 가장 밑바닥 인생인 수타라로서 온갖 천대와 멸시를 받으며 노예생활을 해 왔다. 이제 귀족들과 평등한 자격으로 출가하여 부처님의 법을 배우게 되었다. 부처님의 자비심이 아니었다면 어찌 이런 일이 있을 수 있겠는가." 그는 그 후 치열하게 지계를 닦았다.

석가모니 부처님은 "계는 비구들의 스승이며 선정과 지혜의 바탕이다. 계행을 잘 지키는 우바리 비구가 출가 수행자들 중에서 제일이다"라고 했다. 그래서 그를 지계제일持戒第一이라 부른다. 부처님 입멸 후 경전의 결집은 아난존자의 낭송으로, 율장의 결집은 우바리존자의 낭송으로 이루어졌다고 한다. 우팔리라고도 부른다.

밀행제일 라훌라존자(羅候羅尊者)

라훌라는 석가모니 부처님의 아들이다. 석가모니가 카필라로 돌아왔을 때 라훌라의 어머니인 야쇼다라는 라훌라를 보내어 "저에게 재산을 주십시오"라고 했다. 그때 부처님은 요구 대신 아들에게 법의 재산을 전해 주리라고 마음먹고 라훌라를 어린 나이에 출가를 시켰다.

사리불을 스승으로 모시고 불교 최초의 사미승(십계를 받은 이십 세 미만의 스님)이 된 라훌라는 부처님의 가르침을 따라 수도원 생활을 했다. 어느 날 라훌라는 사리불을 따라 탁발을 하러 나갔다가 악한에게 맞았다. 사리불은 피를 닦으며 분노와 고통을 참는 라훌라에게 이렇게 말했다.

"네가 진정 부처님의 아들이라면 어떠한 일이 있어도 분노를 일으켜선 안 된다. 부처님은 언제나 참아야 한다고 가르치지 않았느냐. 세상에서 참는 것보다 더 강한 것은 없다. 그러므로 너는 분노와 아픔을 참도록 노력해야 한다."

스무 살이 되어 비구계를 받은 라훌라는 "모든 삼라만상과 몸과 생각이 모두 무상하다고 생각하라. 그렇게 하면 모든 집착이 사라지고 깨달음을 얻을 수 있다"고 하신 부처님의 법문을 듣고 열심히 정진하여 원숙의 경지에 이르렀다.

부처님은 이런 라훌라를 보고 "참는 수행의 일인자이며 부처님의 가르침을 은밀하게 실천하는 것은 라훌라가 제일이다"고 하셨다. 이때부터 라훌라는 밀행제일密行第一로 불리었다.

다문제일 아난존자(阿難尊者)

아난은 석가모니 부처님의 사촌 동생으로 샤카족의 아나율 등 일곱 왕자들과 함께 출가했다. 부처님의 시자가 되기 전의 기록은 없다. 석가모니 부처님이 전법傳法을 시작하신 지 이십여 년이 지난 어느 날 자신도 늙어 이를 보좌할 제자가 필요했다.

이에 목건련과 여러 장로 비구들이 아난을 찾아가 부처님의 시자가 되어 줄 것을 부탁했다. 몇 차례 거절을 하다가 시자가 되기로

했다.

"부처님이 입으셨던 옷을 입지 않을 것, 부처님이 공양초청을 받아 가실 때 함께 가지 않을 것, 정해진 때가 아니면 부처님을 만나지 않을 것, 제가 듣지 못한 법문을 부처님께서 다시 들려주신다면 시자를 하겠습니다."

목건련으로부터 이야기를 전해 들은 부처님은 쾌히 승낙했다. 이후 아난은 결코 게으르거나 어떤 힘든 일을 해도 짜증을 내지 않고 일체의 불평을 하지 않았다. 그는 부처님께서 열반하시는 그 순간까지 최후를 지켰다.

부처님이 열반하신 후 다비를 치른 후 아난은 홀로 쿠시나가라에 칠 일 동안 머물면서 불사리에 공양을 했다. 그러나 그 순간까지도 깨달음을 얻지 못한 아난은 장로인 마하가섭에게 꾸중을 듣다가 용맹심을 가지고 밤늦게 좌선에 들었다. 극도의 피로를 느낀 아난은 잠시 자리에 누워 휴식을 취하다가 확연히 깨달음을 얻었다.

그리하여 아난은 마하가섭과 대중의 지명에 따라 사자좌에 올라 부처님께 들은 법의 내용을 낭송하여 경장(經藏:경전의 장서)을 결집하여 오늘날의 경전으로 전하게 하는 데 결정적인 역할을 한 불제자이다.

부처님의 뒤를 이어 교단을 지도하던 마하가섭이 열반한 후 아난은 교단의 장로로서 사부대중의 숭앙을 받으며 정법의 순수성이 지켜지도록 하기 위해 애쓰다가 120세에 열반하였다.

불교의 4대 명절

부처님 오신 날_음력 4월 8일

석가모니 부처님이 탄생하신 날로 초파일初八日이라고도 한다. 석가는 BC 563년 4월 8일(음력) 해뜰 무렵 지금의 네팔인 북인도 카필라 왕국 왕 슈도다나Śuddhodāna와 마야Māyā부인 사이에서 태어났다. 불교 종주국인 인도에서는 음력 4월 8일을 석가탄신일로 기념하여 왔다. 그러나 1956년 11월 네팔의 수도 카트만두에서 열린 제4차 세계불교대회에서 양력 5월 15일을 석가탄신일로 결정하였다. 그러나 한국에서는 음력 4월 초파일을 석가탄신일로 보고 기념한다.

출가재일_음력 2월 8일

석가모니 부처님이 세상의 모든 중생을 생로병사의 고통에서 건지시겠다는 큰 원력을 세우고, 왕궁을 떠나 출가하신 날이다. 석가모니 부처님의 출가재일은 생사 윤회하는 번뇌의 세계에서 벗어나 번뇌 만물에 얽매이는 속세의 생활을 버리고 성자의 생활로 들어가는 것을 의미한다. 그러므로 부처님의 출가재일은 불자들이 위로는 보리를 구하는 동시에 아래로는 중생을 교화하는 '상구보리 하화중생 上求菩提下化衆生'의 보살이 되겠다는 서원을 세우는 날이다.

성도재일_음력 12월 8일

석가모니 부처님이 새벽 보리수菩提樹 아래에서 동녘에 떠오르는 샛별을 보시고 깨달음을 얻어 부처가 된 날을 말한다. 성도란 '성불득도成佛得道'의 뜻인데, 도는 보리菩提,(bodhi:깨달음)를 말하는 것이다. 그러므로 성도란 보리를 완성하여 부처가 된 것을 말한다. 일반적으로 성도재일에 여는 법회를 성도회 또는 납팔회臘八會라고 한다. 남방불교에서는 대개 5월 초로 하며 송宋나라 때부터 12월 8일을 성도일로 정했는데 이 풍습이 한국에서도 행해지고 있다.

열반재일_음력 2월 15일

석가모니 부처님께서 일체의 번뇌를 끊고 열반에 드신 날이다. 부처님은 35살에 깨달음을 얻고 해탈한 이후, 곧 열반에 들어가려고 했다. 그러나 '중생을 교화하라'는 제석천의 권고로 팔순에야 열반에 들었다. 제자들에게 유훈으로 "그대들은 자신을 등불로 삼고[自燈明], 자신을 귀의처로 삼아[自歸依] 머물고, 남을 귀의처로 삼아

머물지 말라. 법을 등불로 삼고[法燈明], 법을 귀의처로 삼고[法歸依], 다른 것을 귀의처로 삼지 말라"고 하셨다. 석가모니 부처님은 중생을 구제하고 교화하기 위해 45년간 육체를 지니고 있었다가 육체마저 극복한 깨달음의 큰 완성을 이루었는데 이 단계가 바로 열반이다. 불가에서는 열반을 새롭게 만들거나 이루는 것이 아니고 본래부터 있던 열반을 깨닫는 것이라 하여 '반열반般涅槃'이라고 하는데 가장 수승한 열반을 뜻한다.

불교의 4대 성지

부처님의 생애 가운데서 중요하게 받들어지는 부분들이 있다. 4대 성지는 부처가 열반하기 전에 제자 아난다에게 사람들이 참배할 4곳을 일러 준 데서 유래한다.

룸비니 동산

룸비니는 네팔 남부 테라이에 있는 곳으로 석가모니 부처님이 탄생하신 곳이다. 원래 페허로 방치되어 있었으나 1895년 독일 고고학자인 포이러Feuhrer에 의해 세상에 알려져 1997년 유네스코 세계문화유산으로 등록되었다. 현재는 각국의 사원들과 순례자들로 넘쳐나고 있는데 한국 사찰인 대성석가사大聖釋迦寺를 비롯해 각국의 전통적인 건축양식을 살린 수많은 사원들이 건설되어 전 세계에서 몰려드는 순례자들에게 편안한 쉼터를 제공한다. 룸비니와 석가모니를 묘사한 각국 우표가 전시되어 있는 룸비니 박물관과 룸비니 국제연구소Lumbini International Research Institute 등이 자리 잡고 있다.

부다가야

석가모니 부처님이 깨달음을 얻은 곳으로서 인도 북동부 비하르 Bihar 주 가야Gaya시에서 멀지 않은 곳에 있다. 기원전 3세기경, 아쇼카왕이 세운 높이 55m의 방추형 9층탑인 마하보디 대탑大塔이 서 있던 곳이다. 현재의 탑은 중국의 법현과 현장의 기록에 따르면 409년과 637년 사이에 세워진 것으로 추측된다. 대탑 주위에는 세계 각지의 불교도들이 건립한 봉헌탑이 있으며, 외벽 감실에는 불상이 모셔져 있다. 대탑 서쪽의 금강보좌金剛寶座는 석가모니 부처님이 깨달음을 얻은 자리로 보리수 한 그루가 심어져 있다. 대탑 남서쪽에는 석가모니가 고행을 끝내고 목욕을 한 연못이 남아 있다. 이밖에도 부처의 깨달음과 관련된 유적지가 곳곳에 남아 있는데 전정각산前正覺山은 부처가 깨닫기 전에 수행하던 곳이며, 네란자라 강가의 우루빌라는 고행을 마치고 수자타로부터 공양죽을 받아 먹은 곳이다. 부다가야는 불교의 4대 성지 중에서도 가장 성스러운 장소로 많은 순례자들이 찾고 있다.

바라나시

석가모니 부처님께서 초전법륜을 한 리쉬 파타나에 있는 녹야원이 있는 곳이다. 부처님이 하신 45년간의 법문을 전법륜轉法輪이라 하고 다섯 비구에게 설한 법륜을 초전법륜이라 하는데 이는 중생을 구원하기 위해 석가모니 부처님이 사바세계를 향해 내리는 첫 설법이다. 바라나시는 기원전부터 알려져 온 고도古都이며, 갠지스 강 연안에 위치하고 있다. 연평균 100만에 달하는 순례자가 끊임없이 모여들어 갠지스 강에서 목욕재계를 한다. 한쪽에는 죽은 사람을 화장하여 재를 갠지스 강에 뿌리는 장소도 있다.

쿠시나가라

석가모니 부처님께서 열반에 드신 곳이다. 인도 힌두스탄 평야에 있는 지금의 카시아Kasia로서 히란냐바티 강江이 흐르고 있다. 사라쌍수沙羅雙樹 사이에 머리를 북쪽에 두고 열반에 들어간 불타를 화장火葬한 곳이다. 5세기경에 만든 거대한 열반상을 안치한 약 6m에 달하는 열반당涅槃堂이 있다.

제2장

부처님의 팔상성도 八相成道

석가모니 부처님의 일생은 우리가 불교를 공부하는 데 있어서 매우 중요하다. 부처님이 어떤 목적을 가지고 이 땅에 태어나셨으며, 어떻게 출가하여 고행을 하시고 성불을 하셨는지 그 행적과 열반의 흔적들을 찾아보는 일은 불교를 이해하는 데 매우 많은 도움을 준다. 불가에서는 대개 부처님의 일생을 이야기할 때 팔상성도를 통해 시기적으로 구분하여 설명한다. 이를 통해 부처님의 위대하고 광대한 일생을 한눈에 들여다볼 수 있기 때문이다.

　팔상성도란 부처님의 일생 가운데서도 가장 중요한 일을 여덟 가지 사건으로 나누어 해석하는 것을 말한다. 여기에서 '팔(八)'은 숫자를 의미하고 '상(相)'은 모습, '성도(成道)'는 곧 성불을 의미한다. 즉 팔상성도는 부처님의 일생을 의미한다고 할 수 있다. 부처님께서 이 팔상을 나타내신 것은 모두가 중생제도를 위한 방편으로, 팔상은 진리의 완성이자 중생제도의 한 방편이다.

　이 여덟 가지는 ① 도솔래의상 ② 비람강생상 ③ 사문유관상 ④ 유성출가상 ⑤ 설산수도상 ⑥ 수하항마상 ⑦ 녹원전법상 ⑧ 쌍림열반상 이다.

도솔래의상
兜率來儀相

석가모니 부처님은 전생에 오랜 수행을 하고 그 공덕으로 천상에 태어나 도솔천 내원궁에서 일생보처一生補處로 계시다가 우리가 사는 사바세계에 내려오셨다는 말이다. 일생보처란 한 생이 끝나고 다음에는 부처가 될 수 있는 보살의 최고 지위를 뜻하는데 그때의 이름은 호명보살護明菩薩이다.

이 세상에는 깨달음을 얻지 못한 무지한 중생이 윤회전생輪廻轉生하는 여섯 갈래의 길인 육도六道라는 것이 있다. 육도는 망자가 죽어서 가게 되는 삼악도三惡道와 삼선도三善道로 나누어지고 삼악도는 지옥도地獄道, 아귀도餓鬼道, 축생도畜生道, 삼선도三善道는 아수라도阿修羅道 또는 수라도, 인간도人間道, 천상도天上道로 각각 나누어진다. 이를 육도라고 하며 여기에 삼계인 욕계, 색계, 무색계가 더하여 삼계육도라고 부른다. 이 중에서도 부처님은 전생에 많은 복을 지어 천상天上에 태어나신 것이다.

천상에는 내원과 외원이 있고 외원은 일반 사람들이 사는 곳이고 내원은 장차 부처가 될 사람이나 보살들이 사는 곳이다. 그러나 비록 천상에 살고 있다고 해도 그 복이 다하게 되면 다른 세상으로 윤회하게 된다. 그래서 윤회에서 영원히 벗어나기 위해 깨달음을 얻기 위해 수행을 하는 것이다.

석가모니 부처님은 도솔천의 영화榮華를 버리고 어려움에 처한 많은 중생을 구제하기 위하여 자신이 태어나게 될 지상의 장소와 부족을 관찰한 뒤 정반왕의 왕비 마야부인의 오른쪽 옆구리를 통해 태중에 들었던 것이다. 이를 도솔래의상兜率來儀相이라 한다.

비람강생상
毘藍降生相

부처님은 인도의 작고 아름다운 왕국인 카필라국의 아버지 정반왕淨飯王과 왕비 마야부인 사이에 태자로 태어났다. 여기에서 비람毘藍은 룸비니의 한자말로서 부처님께서 룸비니 동산에서 태어났다는 것을 의미한다. 경에 따르면 이 탄생에는 다음과 같은 설화가 전해지고 있다.

　어느 날 마야부인은 꿈을 꾸었다. 차가운 겨울이 지나고 푸릇한 봄빛이 찾아왔을 때 그녀는 꿈속에서 여섯 이빨을 가진 눈이 부시도록 하얀 코끼리가 자신의 배 속으로 들어오는 꿈을 꾸었다. 태몽이었다. 10개월 후 산월이 가까워지자 마야부인은 성을 떠나 자신의 친정인 데바다하성으로 돌아가던 중 룸비니 동산에 이르러 행렬을 멈추고 휴식을 취하다가 갑자기 산기産氣를 느껴 곧 왕자가 탄생하였다.

아기 왕자가 탄생하자 몸에서는 햇빛을 가릴 정도로 큰 광명이 일제히 하늘로 솟아났다. 아기 왕자가 자리에서 뒤뚱거리며 문득 일어나 동 서 남 북, 위아래 여섯 방향으로 각각 일곱 발자국씩 내딛자 가는 곳마다 연꽃이 분연히 피어났고 하늘에서는 아홉 마리의 용龍이 향기로운 물을 내뿜어 몸을 씻겨 드렸다. 아기 왕자는 그 연꽃 가운데 우뚝 서서 오른손으로 하늘을 가리키고 왼손으로는 땅을 가리키며 사자처럼 크게 외쳤다.

"하늘과 땅 위에 나 홀로 존귀하네. 온 세상이 고통 속에 헤매니 내 마땅히 이를 편안케 해 주리라.天上天下唯我獨尊"

아기 왕자는 이렇게 사자후를 하며 앞으로 나아갔다. 왕은 아기 왕자의 이름을 '모든 것을 자신의 뜻대로 성취한다'는 뜻으로 싯다르타라고 지었다.

'비람강생상'에서 가장 중요한 것은 '천상천하유아독존'의 의미이다. 부처님뿐만 아니라 미물까지도 모든 중생은 존중되고 공경을 받아야 한다는 뜻이며 일체중생은 평등하므로 차별을 해서는 안 된다는 것을 강조한 말이다.

여기서 '나'는 '너'와 '나'를 구별하고 부처와 중생을 차별하는 그런 생각의 '나'가 아닌 모든 중생의 근본인 '참나'를 뜻하는데 이것은 생명의 본질인 불성佛性을 의미한다. 즉, 생명이 있는 것은 누구나 불성을 본질로 하기 때문에 비록 미물이라고 할지라도 생명체는 이 세상에서 가장 존귀하다는 뜻이다. 부처와 중생은 근본자리에서 보면 불성의 근원인 '참나'를 근원으로 하기 때문에 모두가 천상천하에 오직 나만 홀로 높다는 것이 된다. 여기에서 '나'란 진아眞我 즉 참된 나이다.

석가모니 부처님은 이미 전생부터 오랜 수행을 거쳐 깨달음을 이루고 난 뒤 중생을 구제하기 위해 마야부인의 태만 빌렸으므로 태어나자마자 위대한 말씀을 하신 것이다. '천상천하유아독존'은 부처님이 세상에서 가장 존귀한 분이시지만, 누구나 부처가 될 수 있으므로 중생도 존귀한 존재라는 '대평등大平等 선언'이다. 다시 말해 모든 생명은 부처님같이 고귀하다는 사실을 깨달아야 한다는 것이다.

사문유관상
四門遊觀相

사문유관이란 싯다르타 태자가 동서남북 문밖으로 나가 세상 구경을 하신 사실을 말한다. 경에 의하면 다음과 같이 기록되어 있다.

싯다르타 왕자가 열일곱 살 때 동문에서 노인, 서문에서 죽은 사람, 남문에서 병든 사람, 북문에서는 수행인을 만났다. 그때 싯다르타는 다른 청년들보다 매우 뛰어났지만 오직 밤낮으로 삶에 대한 존재적 가치로 인해 매일 고뇌하기 시작했다. 그는 자신의 삶에 대해 조금도 즐거워하지 않았다. 이런 아들의 모습을 걱정한 왕은 싯다르타의 마음을 잡아 두게 하기 위해서 데바다하성의 성주 수프라붓다의 딸인 야쇼다라를 아내로 맞이하게 했으며 새로운 궁전을 지었으나 왕자는 조금도 기뻐하지 않았다. 오히려 더욱 고뇌에 차 들어갔다.

어느 화사한 봄날, 싯다르타는 수레를 타고 성문의 동쪽으로 향했다. 그때 왕자는 한참 달리다가 한 노인과 마주쳤다. 그 노인은 이가 빠지고 머리가 희며 허리가 굽어 몸이 금방 쓰러질 정도였으며, 지팡이를 손에 쥔 채 후들후들 떨고 있었다. 그때 싯다르타가 마부에게 물었다.

"보아라, 마부여 이 사람이 도대체 어떤 사람인가? 어째서 이런 꼴로 살고 있는가?"

그 때 마부가 대답을 했다.

"왕자님 저 사람은 노인입니다. 모든 사람은 늙게 되며 저와 같이 됩니다."

왕자가 의문에 찬 목소리로 말했다.

"나도 세월이 지나면 저 노인과 같이 되는가?"

"그러하옵니다, 왕자님. 나이가 들면 누구나 늙게 되는 것입니다."

그 순간 싯다르타는 수레를 돌려 성으로 돌아왔다.

둘째 날, 싯다르타 왕자는 남문 밖에서 병들어 신음하는 사람들을 보았다.

셋째 날, 서문 밖에서는 장례 행렬을 보았다.

넷째 날, 북문 밖에서 싯다르타는 출가 수행자와 마주쳤다. 수행자는 머리와 수염을 깨끗이 깎고 옷을 입고 오른손에는 지팡이를 짚고 서 있었다. 그의 얼굴은 한없이 안온하고 당당한 모습이었다. 그의 얼굴에는 알 수 없는 환희가 흘렀다.

싯다르타는 수레에서 내려 수행자 앞으로 다가갔다.

"그대는 누구이며 무엇을 하는 사람인가?"

수행자는 왕자에게 고개를 숙이고 정중하게 말했다.

"저는 출가한 사문입니다, 왕자님"

싯다르타는 다시 수행자에게 물었다.

"출가한 사문이란 무엇을 말하는가?"

수행자는 의문에 찬 왕자의 말에 이렇게 대답을 했다.

"왕자님, 제가 이 세상을 보니, 모든 것이 무상無常함을 깨달았습니다. 이를 느끼고 나서 저는 가족과 형제들을 떠나 오직 해탈을 구하기 위하여 출가를 하였던 겁니다. 그리하여 어떻게 하면 모든 생명을 악으로부터 구할 수 있을 것인가를 항시 고민을 했으며 살아 있는 어떠한 생명도 해치지 않으려고 원을 세웠던 겁니다."

수행자의 이야기를 들은 싯다르타는 그 순간 가슴이 두근거렸으며 그의 두 눈동자가 반짝였다.

"장하다. 이것이야말로 내가 찾던 길이다."

싯다르타 태자는 이 사문유관四門遊觀을 통하여 '세속의 영화를 누릴 것인가, 아니면 출가하여 영원한 평화를 얻을 것인가?'라는 문제에 직면하게 된다. 하지만 고심 끝에 "나는 이제 저 열반(涅槃)을 취(取)할 것이요, 저 열반을 증득할 것이요, 이제 저 열반을 행할 것이요, 응당히 저 열반에 머무를 것이다"라고 마음을 굳히게 되었다.

부처님은 이 사문유관을 통해 인간의 생로병사를 보고 이를 타파하기 위해 출가 결심을 하고 마침내 설산에 가서 긴 수행에 들어갔던 것이다.

사실, 오늘날 우리는 부처님이 사문유관을 통해 많은 고민을 했던 것처럼 병들어 고통스러워하는 모습, 천대받는 노인의 모습, 인면수심의 끔찍한 현장을 안방에서 생생하게 방송을 통해 본다. 부처님이 경험했던 것과 같은 경험을 보고 있지만 심각하게 받아들이지 않고 있다.

그러나 부처님은 이 사문유관을 통해서 인생이란 나서 늙고 병들어 죽는 것이지만 수행을 통해 벗어날 수 있음을 우리에게 가르쳐 주고 있는 것이다.

유성출가상
踰城出家相

싯다르타는 사문유관을 통해 출가 의지를 확고히 굳히다가 마침내 29세 때 모든 사람이 잠든 밤, 성벽을 넘어서 마침내 출가를 결행하게 된다. 출가란 호사스러운 옷과 세속적 욕망, 명예를 모두 버리고 머리를 깎고 깨달음과 진리를 찾기 위해 집을 나서는 것을 말한다.

정반왕은 태자의 출가를 막기 위해 온갖 노력을 다하였다. 심지어 봄 여름 가을 날씨에 맞도록 화려한 삼시전三時殿을 지어 편안한 생활을 할 수 있도록 했고, 거의 날마다 연회宴會를 베풀어 술과 여자의 환락 속에 살도록 했지만 오히려 이것은 태자가 더욱 출가 의지를 굳히게 되는 계기가 되었다.

태자는 어느 날 연회가 끝나고 피곤에 지쳐 멋대로 뒹굴면서 코를 골고 침을 흘리면서 잠을 자고 있는 한 무리의 무희들을 보게 된다. 언제나 선녀처럼 보이던 무희들의 추한 모습을 보자, 태자는 오히려 측은한 생각마저 들었다. 경전에는 태자의 심경을 이렇게 기록하고 있다.

이 세상의 더러움과 어리석음의 꾐에 빠지는 것은 여인의 몸보다 더한 것은 없다. 여인은 갖가지 의복과 구슬로 화사華奢하게 꾸며 어리석은 사람을 쉽게 속이지만 그것은 어리석고 미련한 짓이다. 그림자와 같고, 꿈같은 것에 지나지 않을 뿐 참된 것이 아니다.

 그러던 중 싯다르타는 깊은 고뇌에 빠졌다. 출가를 결심한 싯다르타 태자에게 새로운 장애가 생겼던 것이다. 야쇼다라 공주와의 사이에서 아들이 태어난 것이다. 아들이 태어났다는 소식을 듣고 그는 '몸과 마음을 얽어매는 장애'라는 뜻인 '라훌라'로 이름을 지었다. 출가에 대한 결심은 변하지 않았다. 드디어 태자는 기회를 틈타 출가를 결행했다.
 경에는 다음과 같이 기록되어 있다.

 싯다르타는 다시 한 번 인간의 삶과 죽음에 대해 깊은 생각에 빠져 날마다 명상에 들어갔다.
 "인간이 세상에 나서 살아가는 것은 무언가를 구하는 것에 지나지 않는데 인간에게는 두 가지의 길이 있다. 하나는 평생 잘못된 것을 구하기 위해 가는 것이고, 다른 하나는 바른 것을 구하기 위해 가는 것이다. 잘못된 길을 가는 사람은 태어나 늙고 병들어 죽는 것을 면할 수 없는 자이며 바른 것을 구하는 사람은 이러한 생로병사를 벗어나 슬픔이 없고 고뇌가 없는 위없는 해탈과 행복을 구하는 데에 있다. 그러므로 나 또한 지금껏 살아오면서 잘못된 것을 구하지 않았던가."

 싯다르타는 출가의 길을 가기로 굳게 마음먹었다. 스물아홉 살 때

왕궁에서 축제가 있는 날인 2월 8일 밤, 작별인사도 하지 않은 채 조용히 마부 찬다카를 깨워 사랑하는 말 칸타카를 타고 카필라의 성벽을 넘어 동쪽으로 어둠을 뚫고 출가의 길을 나섰다. 경에는 이렇게 되어 있다.

태자가 몰래 말을 타고 성문에 이르자 문지기는 잠들어 있었고 성문의 자물쇠가 저절로 열려 있었다. 성벽을 통과한 태자는 한동안 말을 달려 숲에 이르자 말에서 내려 몸에 지니고 있던 장신구를 풀어 마부에게 주었다.

"이 보배를 왕에게 드리고 이렇게 말해 주기 바란다. '태자는 세속적인 욕망은 조금도 없고, 또한 선업을 닦아 천상에 태어나고 싶지도 않습니다. 다만 일체중생이 바른 길을 몰라 헤매고 생사윤회에 괴로워하고 있는 것을 보고 이를 구제救濟하기 위하여 출가하는 것일 뿐입니다. 나이가 적지만 생로병사에는 정해진 때가 따로 없으며, 지금 적다고 안심할 수도 없습니다. 옛날 훌륭한 임금들은 나라를 내어 놓고도 도를 찾기 위해 숲으로 들어갔습니다. 저의 결심도 이와 같아서 무상보리無上菩提를 얻을 때까지는 결코 돌아가지 않을 것입니다.'"

마침 그때 사냥꾼 한 사람이 그곳을 지나고 있었는데, 태자는 그 사냥꾼에게 입고 있던 비단옷을 벗어 주고 누더기로 바꿔 입고 숲 속으로 조용히 들어갔다. 태자의 나이 29세 되던 해 음력 2월 8일이었다.

이렇듯 수행이란 모든 애착愛着을 과감히 단절하는 마음의 큰 결단이 필요하다는 것을 싯다르타는 유성출가상踰城出家相을 통해 보여 주었던 것이다.

설산수도상
雪山修道相

부처님이 일 년 내내 눈으로 덮여 있는 설산에서 '고행'하는 모습을 말한다.

고행은 인간이 깨달음에 이르는 길을 찾기 위해 집착을 끊고 모든 욕망을 억제하고 육체에 극단적인 고통을 주는 수행법이라 할 수 있는데 예부터 히말라야 산에는 거룩한 성자들이 많이 수행했다고 한다.

여기에서부터 부처님은 싯다르타라는 이름을 버리고 출가 수행자 고타마라고 칭한다. 고타마는 가장 먼저 철저한 고행주의자로 알려진 바가바跋迦婆를 찾아갔다. 그는 고행을 통한 공덕으로 천상에 태어나는 것이 목적이었다. 그들은 꽃잎이나 열매 등으로 겨우 배를 채우고 있었는데 하루에 한 끼, 어떨 때는 사흘에 한 끼만 먹고도 고통스러운 수행을 하고 있었다.

고타마는 바가바에게 다가가 물었다.

"선인이여. 어떤 과보果報를 얻기 위해 수행을 하고 있습니까?"
"저들은 다음 세상에서 하늘나라에서 다시 나기 위해서이다."
"그런데 만약, 하늘나라의 과보가 다하게 되면 어찌합니까?"

의문이 든 고타마는 그들의 수행에서 아무런 것도 얻지 못하고 다시 길을 나섰다. 다시 두 번째 스승을 찾았는데 그는 불을 숭배하는 배화교拜火敎의 우두머리였다.

고타마는 크게 실망했다. 그리고 다시 만난 스승은 당시 인도 사회에서 명망 높은 수도자로 알려진, 바이샬리 근처에서 300여 명의 수행자를 이끌고 있는 알라라 카라마 선인이었다. 그에게서 무소유처정無所有處定의 선정禪定에 도달했으나 결국 깨달음을 얻지 못했다. 그곳을 떠나 라자가하에 이르러 700여 명의 수행자를 이끄는 웃타카라마풋다를 찾아가 그가 가르침을 준 대로 비상비비상非想非非想의 보다 높은 선정에 이르렀으나 역시 깨달음을 얻지 못했다. 그들은 선정禪定주의에 깊이 빠져 있었던 것이다.

고타마는 그들과 함께 열심히 수행을 하여 최고의 높은 경지에 이르렀지만 그곳에서도 생사 문제에 대한 어떠한 해답도 스스로 얻지 못했던 것이다. 다만 이때 고타마는 중요한 사실을 깨닫게 된다.

'육체에 극단적 고통을 가하여 도리어 해를 주는 것이 무엇을 의미하는가.'

고타마는 그 어떤 스승도 자신에게 도움을 줄 수 없다는 것을 자각하고 스스로 깨달음의 길을 찾기로 결심했다. 마침내 고타마는 고행림苦行林인 네란자라泥蓮禪河 강가의 숲을 찾아 이 숲에서 6년 동안 참으로 피나는 정진精進만을 했다.

  그러나 중요한 것은 고타마가 그 당시의 고행주의자와는 다른 길을 걸었다는 점이다. 고타마의 고행은 생사 문제와 인생의 근본적인 해결을 위한 고행이었기에 그들과 방편은 같아도 목적은 크게 달랐다. 왕자의 출가를 막지 못한 정반왕은 극심한 고행을 하고 있는 태자의 신변보호와 시봉을 위해 어쩔 수 없이 다섯 명의 친족을 보냈다.

  이렇듯 설산수도상은 깨달음에 있어 인욕은 매우 필요하지만 극단적인 고행이나 정신위주 수행이 아니라 중도中道를 택해야 한다는 사실을 크게 일깨워 주고 있다.

수하항마상
樹下降魔相

수하樹下란 나무 아래라는 말이고, 항마란 마군을 항복시키고 도道를 이룬 것을 뜻한다. 고타마는 설산에 들어가 6년 동안 살가죽과 뼈가 맞붙을 정도로 피나는 정진을 하였지만 깨닫지 못했다.

  고타마는 그 순간 이렇게 힘든 고행을 계속하다가는 도道를 깨닫기 전에 먼저 죽을지도 모른다는 생각이 들었다. 더구나 고타마는 수행의 목적이 고행에 있지 않고 깨달아서 부처가 되는 것에 있음을 생각하고 마침내 무의미한 고행을 버리기로 결심하고 우루벨라의 강가에서 목욕을 하였다. 마침 수자타[善生]여인이 죽을 끓여 공양을 올렸다. 고타마는 이를 받아 마시고 차츰 기력을 회복한 뒤 보리수菩提樹나무 아래 길상초吉祥草를 깔고 동쪽을 향해 가부좌를 하고 명상에 들어갔다.

'이제 번뇌를 멸하고 미혹과 거짓의 세계를 벗어나는 길을 찾지 못한다면 설령 이 몸이 가루가 된다고 해도 금강보좌金剛寶座에서 떠나지 않으리라.'

고타마는 굳은 맹세로 혼신을 다해 사유思惟하였다. 고행을 버리고 유미죽乳米粥으로 건강을 회복했기 때문에 고도의 정신집중이 가능했다. 그리하여 드디어 깊은 선정에 들어가 마침내 도道를 깨닫기 직전에 이르게 되었다.

그 때 마왕 파순은 궁전에서 잠을 자다가 자신의 왕국이 모두 무너지는 꿈을 꾸었다. 그 원인이 바로 수행자 고타마가 곧 정각을 성취하기에 이르렀기 때문임을 알았다. 이를 안 마왕 파순은 큰일이 났다고 생각하고 방해하기로 작정을 했다. 경에는 이렇게 기록되어 있다.

마왕 파순은 붓다의 맹세에 크게 놀란 나머지 마군을 몰고 공격해 왔다. 고타마는 마왕의 공격에도 아랑곳하지 않고 마음이 편안했다. 그 순간 마왕은 야위고 살가죽만 남았지만 그지없이 안온한 고타마를 보자 다가와 위로의 말을 했다.

"고타마여. 당신은 안색이 좋지 않고 많이 야위었습니다. 이것은 바로 죽음이 임박했다는 증거입니다. 어쩌면 당신이 죽지 않고 살 확률은 천에 하나입니다. 당신은 반드시 살아야 합니다. 생명을 유지해야만 착한 일도 할 수 있으며 수행도 할 수 있지 않겠습니까? 이런 상황에서 당신이 청정한 행을 쌓고 성화에 제물을 올리는 고행을 쌓는다고 한들, 무슨 소용이 있겠습니까? 당신이 가는 길은 힘들고 또한 도달하기도 어렵습니다."

마왕은 고타마의 마음을 움직여 보기 위해 이와 같은 말을 했다. 고타마는 마왕의 말에 아랑곳하지 않고 대답했다.

"한없이 게으르고 악한 자여, 그대는 세상의 이익을 구하기 위해 여기에 왔지만 나는 세상에서 이익을 구할 생각은 추호도 없다. 지금 마왕은 자신의 이익과 공명을 구하는 자에게나 가서 너의 뜻을 전하라. 또한 나에게는 강한 믿음과 피나는 노력, 지혜가 있으며 날마다 치열한 고행을 하고 있다. 그런 나에게 그대는 어찌하여 생명의 보전을 묻고 있는가."

고타마는 계속적으로 마왕을 꾸짖었다.

"치열한 수행으로 인해 일어나는 바람은 저 강물도 말라붙게 할 힘을 가지고 있다. 오로지 수행에만 전념하는 나에게 어찌 내 몸속의 피가 마르지 않겠는가. 몸속의 피가 마르면 쓸개도 침도 모두 마를 것이지만 살이 빠지면 오히려 마음은 더욱 맑아진다. 그리하여 생각과 지혜, 순일한 마음은 더욱더 편안해질 것이다. 또한 나는 살을 에는 고통을 참고 있으며 그 가운데서 나는 모든 욕망을 돌아볼 수 있다. 마왕이여 보라. 몸과 마음의 이 깨끗함을!"

고타마는 거침없이 말을 이어 갔다.

"너의 첫째 군대는 욕망이고, 둘째 군대는 혐오, 셋째 군대는 기갈, 넷째 군대는 애착이다. 다섯째 군대는 권태와 수면, 여섯째 군대는 공포, 일곱째 군대는 의심, 여덟째 군대는 겉치레와 고집이다. 마왕이여 이것이 바로 너가 가지고 있는 군대이며 검은 악마의 공격군이다. 물론 용감한 사람이 아니면 절대 너를 이길 수 없을 것이다. 하지만 진정으로 용감한 자는 이겨서 즐거움을 얻는다."

고타마는 마지막으로 마왕에게 충고의 말을 던졌다.

"내가 그대에게 진실로 항복할 것 같은가? 이 세상의 삶은 달갑지 않다. 나는 너에게 패해 사느니 차라리 죽음으로써 맞서겠다. 많은 수행자와 바라문 들이 너의 군대에 패해 사라졌다. 덕이 있고 지혜가 있는 사람들조차 너로 인해 갈 길을 잃었다. 하지만 결코 나는 다르다. 너의 군대가 사방을 포위하고 있으나 나는 너희들과 기꺼이 맞서 싸우리라. 나는 너의 군대를 없앨 지혜를 가지고 있다. 돌로 굽지 않은 흙 단지를 깨뜨려 버리듯이, 나는 제자들과 함께 내가 생각했던 지혜의 사유를 가지고 나의 신념을 굳게 하여 사람들에게 깨침을 줄 것이다. 그들은 나의 가르침을 실천하면서 결코 게으르지 않는 사람이 될 것이다. 그리하여 마침내 그들은 근심과 욕망 없는 삶의 경지를 맛볼 것이다."

마왕은 거침없는 고타마의 설법을 듣고 움찔하며 말을 했다.

"나의 군대는 칠 년 동안 고타마를 한발 한발 따라다녔다. 지혜로 무장하고 항상 몸과 행동을 조심하고 있는 정각자正覺者인 그에게 뛰어들 틈이 전혀 없었다."

마왕은 마치 먹이를 찾고 있는 까마귀가 끝내 먹이를 구하지 못해 다른 쪽으로 날아가는 것처럼, 유혹을 포기해야만 했다. 근심에 잠긴 마왕의 옆구리에서 비파 하나가 뚝 떨어졌다. 마왕은 기운을 잃고 결국 지쳐 고타마 곁에서 떠나고 말았다.

고타마는 단호하게 마왕의 유혹을 물리쳤다. 마왕 파순은 어떤 수단으로도 성불의 의지를 꺾을 수 없음을 알고 패배를 자인하고 물러간 것이다. 마왕을 굴복시킨 고타마는 마음속의 온갖 번뇌를 멸滅하고 드디어 네 가지 선정의 단계인 사선정四禪定을 체험하게 된다.

욕망과 악을 떠나 마음속에 집념을 품은 채 초월의 기쁨을 맛보게 하는 제1선정, 마음의 잡생각을 완전히 가라앉히고 내면의 고요에 의해 마음의 통일을 이루게 하는 제2선정, 그리하여 잡념이 없어지는 삼매로부터 생기는 기쁨에 젖게 하는 제3선정, 앞에서 체험한 기쁨까지 초월하고 바른 생각, 바른 지혜로 몸에서 즐거움을 느끼게 되지만 최후에는 즐거움도 없고, 괴로움도 없고, 편안한 느낌만 남는 제4선정에 이르게 된 것이다.

고타마는 이러한 네 가지 단계의 선정을 거쳐서 마침내 천안통天眼通, 숙명통宿命通, 누진통漏盡通을 비롯하여 육신통을 얻고 마침내 부처가 되는 대각大覺을 성취하게 되었다.

드디어 고타마는 석가모니 부처님으로, 하늘과 인간의 스승인 세존世尊으로 탄생하게 되었다. 그때가 나이 35세, 음력 12월 8일 동녘 하늘 샛별이 빛날 때였다. 석가모니 부처님은 마왕 파순의 집요한 유혹을 물리치고 오직 성불이라는 큰 목표를 향해 끊임없는 정진을 하여 정각을 이루었다.

수하항마상에는 깨달음은 항상 많은 장애가 따르기 때문에 이를 극복하지 않으면 안 된다는 깊은 교훈이 담겨 있다.

녹원전법상
鹿苑轉法相

녹원이란 인도 중부 바라나시국 왕사성王舍城의 동북쪽에 있는 '녹야원鹿野苑'을 줄인 말로서 부처님은 이곳에서 처음으로 설법하셨다. 그래서 이곳에서의 설법을 초전법륜 혹은 녹원전법이라고 한다. 경經에는 이렇게 되어 있다.

부처님은 큰 깨달음을 얻고 난 후 일주일 동안 금강보좌에 앉아 해탈의 즐거움을 누리며 계셨다.
'나는 이 금강보좌에서 일체를 아는 지혜에 도달하였다.'
부처님은 사四아승지 십만 겁 동안 이루어 온 보살행의 과보를 실현한 그 자리에서 4주 동안 눈 한번 깜박하지 않고 바라만 보고 계시다가 5주째에 들어 진리를 관찰하며 해탈의 즐거움을 누리며 명상에 들어갔다.

6주째에 부처님은 무챠린다로 가서 일주일을 보내다가 비가 내리고 기온이 냉랭해지자 용왕이 부처님을 일곱 겹으로 에워싸서 보호하였다. 7주째에는 라쟈야타나로 가서 앉아 계셨다.

49일째 되던 날 부처님께서는 처음으로 공양을 드실 생각을 하셨는데 그때 타팟스와 바출루카라는 두 명의 상인이 5백 대의 수레를 몰고 웃칼리에서 중부지방으로 가던 중, 햇빛처럼 빛나는 부처님을 뵙고 꿀과 우유 등 먹을 것을 마련, 돌로 만든 발우에 담아 공양을 올렸다. 두 상인은 부처님의 가르침을 듣고 귀의하여 최초의 우바새(남자 신도)가 되었다.

부처님은 다시 나무 밑으로 돌아와 홀로 명상에 잠겼다.

"내가 진실로 깨달은 법의 진리는 깊고 깊어서 세상 사람들은 이해하기조차 힘들다. 나의 법을 알려고 하는 사람은 지혜를 갖추고 있어야만 한다. 그렇지 못하면 나의 진리를 깨치지 못한다. 또한 내가 깨친 연기緣起의 법을 가르치기도 어렵다. 만일, 내가 이 법을 세상 사람들에게 설법한다고 하더라도 세상 사람들이 모두 이해할지 심히 걱정스럽다."

부처님은 설법을 들을 현자賢者들을 차례로 떠올리다가 교진여 등 자신의 수행에 큰 도움을 주었던 다섯 고행자들을 생각하고 사슴 동산에 머물고 있는 그들을 찾아갔다. 부처님은 갠지스 강을 지나 남쪽 언덕에 이르러 곧장 바라나시로 나아갔다. 사슴 동산에 모여 있었던 다섯 수행자는 멀리서 부처님께서 오시는 것을 보고 이렇게 말하였다.

"보라, 벗들이여. 저기에 걸어오는 사람이 고타마가 아닌가. 그는 일찍이 고행을 버리고 게으름에 떨어진 사람이다. 그에게 마중도 하지 말고 인사도 하지 않는 것이 좋겠다. 또한 옷과 발우도 받아 주어서는 안 되지만 다만 자리만은 허락하는 게 좋겠다."

그들은 고타마가 배고픔을 이기지 못하고 수행처를 박차 마을로 내려간 것에 대해 아직도 탐탁지 않게 여기고 있었다. 그들은 치열했던 고타마의 고행을 알 턱이 없었다. 부처님은 그들의 마음을 살피고 인내심을 가지고 자비를 베풀기로 마음을 먹었다. 부처님이 오시자, 감히 근접할 수 없는 광명의 모습을 보고 그 순간 예배를 하고 말았다. 부처님의 옷과 발우를 받고 자리를 깔고 발 씻을 물을 떠 왔다. 부처님은 발을 씻고 자리에 앉았다.

"벗이여. 참으로 고맙구나."

부처님은 다섯 수행자들에게 말을 했다.

"수행자들이여 오늘부터 나에게 벗이여! 라는 식으로 대해서는 안 된다. 나는 깨달은 자로서 여래이다. 이제부터 나의 말에 귀를 기울여야 한다. 나는 불멸不滅을 얻었다. 내 이제 그대들에게 법을 설하겠다. 만일, 그대들이 여래가 가르치는 대로 행하면 오래지 않아 청정한 행을 알고 성불을 실현하게 될 것이다."

수행자들이 말을 하였다.

"고타마여. 그대는 정진을 버리고 수행자로서 과분한 생활을 하지 않았는가. 그런 그대가 어찌해서 여래라고 하는가. 그러면서 어떻게 스스로 진리를 깨달았다고 자부하는가."

부처님은 이 말을 듣고 다음과 같이 대답했다.

"수행자들이여. 나는 그대들이 생각하는 그런 과분한 생활을 하지 않았으며 오직 정진만을 하여 여래가 되었다. 그대들은 나의 설법에 귀를 기울여야만 한다. 나는 불멸을 얻었으며 이를 그대들에게 가르쳐 보이고 법을 설하겠다."

부처님이 설법 듣기를 완곡하게 거부하는 다섯 수행자들에게 무려 세 번씩이나 되풀이한 끝에 수행자들은 듣기를 원하였다.

바라나시 사슴 동산에 밤이 비로소 왔다. 부처님은 깊은 선정에 들었다. 땅속에서 천 개의 보물이 쌓인 의자가 솟아오르고 전법륜 보살이 나와 부처님께 보배로운 법의 바퀴인 법륜法輪을 바쳤다. 부처님은 비로소 선정에서 깨어나 첫 설법을 시작했다.

"수행자들은 항상 두 극단을 피해야만 한다. 무엇이 두 극단인가? 하나는 욕망의 쾌락에 열중하는 것을 말한다. 이는 추하고 저속하며 어리석고 아무런 도움이 되지 못한다. 또 하나는 자신을 괴롭히는 고행에 열중하는 것이다. 이 두 가지는 매우 고통스러운 것으로서 아무런 도움이 되지 못하는 것이다. 그러므로 수행자들이여. 여래는 이 두 극단을 버리고 바른 중도를 깨달았다. 바른 길이야말로 눈이며 지혜이다. 고요함과 바른 깨달음과 크나큰 열반에 이르는 것을 돕는다.

그럼, 바른 길은 무엇인가? 여덟 가지 바른 길이 있는데 팔정도가 바로 그것이다. 정견(正見: 바른 견해), 정사유(正思惟: 바른 판단), 정어(正語: 바른 말), 정업(正業: 바른 행위), 정명(正命: 바른 생활), 정정진(正精進: 바른 노력), 정념(正念: 바른 생각), 정정(正定:바른 마음의 평정)이다. 이 밖에 네 가지의 성스러운 가르침인 사성제四聖諦가 있다. 곧 괴로움에 대한 가르침, 괴로움의 원인에 대한 가르침, 괴로움의 소멸에 대한 가르침, 괴로움을 소멸시키는 길에 대한 가르침, 즉 '고집멸도苦集滅道'이다. 이 네 가지의 성스러운 가르침은 본래 듣지 못한 법인데 여래가 마땅히 알 것을 이미 알아서 눈이 나고 빛이 나고 지혜가 났느니라. 만약, 여래가 이 네 가지의 거룩한 가르침을 알지 못했다면 위없는 바른 깨달음을 실현하지 못했을 것이다. 그러나 여래는 네 가지 거룩한 가르침을 여실히 알아서 위없는 가르침을 설하는 동안, 깨닫는 이가 있다면 여래는 법의 바퀴를 굴릴 것이지만, 깨닫는 이가 없다면 법의 바퀴를 굴리지 않을 것이다."

부처님은 이와 같이 첫 설법을 하셨다. 그 순간 수행자 교진여憍陣如는 모든 티끌을 멀리하고 진리의 눈을 얻었다. 그리고 그는 소리 높여 외쳤다.

"생겨나는 것은 모두 소멸된다."

이야기를 들은 부처님도 크게 감격하여 말씀을 하셨다.

"아, 교진여憍陣如여. 참으로 그대는 깨달았구나."

그 순간 교진여는 아라한의 경지에 이르렀고 대지가 은은히 진동하며 큰 광명이 솟아났다. 이 광경을 지켜보고 있던 모든 신들조차 소리 높여 환호를 하고 있었다.

"지금 부처님께서 바라나시 사슴 동산에서 위없는 법의 바퀴를 굴리셨다. 사문도, 바라문도, 하늘신도, 온 세상의 그 누구도 결코 뒤엎을 수 없는 법의 바퀴를 굴리셨다."

마침내 깨달음을 얻은 교진여는 부처님 앞으로 나아가 예배를 올리고 아뢰었다.

"부처님이시여. 원컨대 저는 출가하여 계를 받고자 합니다."

부처님은 이 말을 듣고 "어서 오라 비구여. 법은 잘 설해져 있다. 괴로움의 뿌리를 모조리 뽑기 위하여 마땅히 청정한 행을 닦아야 하느니라."

부처님은 또 다시 다섯 명의 수행자 중 바사파婆師婆를 위하여 계속 설법을 폈다. 부처님은 수행자들이 탁발을 하여 가지고 온 음식들을 함께 나누어 먹었다. 설법을 들은 바제婆提도 곧 아라한 경지에 이르게 되었다. 그다음 날에는 마하남摩訶男, 또 그다음 날에는 아설시阿說示가 차례로 아라한의 경지에 이르게 되었다. 보름이 지나 부처님이 아라한의 경지에 든 다섯 비구를 모아 '무아상경'을 설하자 곧 그들은 완전한 아라한이 되었다.

부처님은 하마터면 스스로 깨달으신 진리를 세상에 전파하기를 단념하실 뻔했다. 부처님은 고행 끝에 아주 깊고도 미묘한 진리를 발견하셨지만, 보통 사람의 인식능력으로는 이해하기가 어렵다고 생각하여 설법을 하지 않으려고 했던 것이다.

그러나 불법의 수호신인 범천梵天이 부처님께 나아가 법을 설할 것을 간청하게 된다. 부처님은 간곡한 범천의 간청을 듣고 중생들의 근기를 살피고 진리를 전파하기로 마음을 먹게 되었던 것이다.

그러나 정작 부처님은 제일 먼저 '누구에게 설할 것인가?' 고민하시다가 다섯 비구를 떠올렸다. 그들은 태자 때 함께 수행하다가 떠나버린 동료였다. 부처님은 그들을 상대로 첫 법문을 하셨던 것이다.

이것이 바로 초전법륜初轉法輪, 즉 녹원전법상이라고 한다. 부처님은 진리를 깨닫거나 성불하는 것은 단지 자기만을 위해서는 안 된다는 것을 강조하고 있다. 비록 수많은 난관이 자신의 앞에 있더라도 나도 위하고 남도 위한다는 대승보살심大乘菩薩心을 보여 주는 것이다.

쌍림열반상
雙林涅槃相

부처님은 녹야원에서 다섯 비구인 '교진여憍陣如, 아설시阿說示, 마하남摩訶男, 바사파婆師婆, 바제婆提'를 상대로 초전법륜을 한 것을 시작으로 45년 동안 단 하루도 쉬지 않고 전법을 행했다. 부처님이 계신 자리에는 언제나 수많은 사람들이 모여들었다. 부처님의 감로법문을 듣고 진리를 깨닫고 참된 삶을 시작한 사람들이 부지기수였지만 부처님의 행적을 일일이 다 말할 수는 없다.

80세에 이른 부처님은 바이샬리 근처에서 아난다와 단 둘이서 최후의 우안거를 지내게 된다. 이곳에서 부처님은 매우 위독한 병에 걸려 죽음에 가까우리만큼 심한 고통을 겪게 된다. 부처님은 이 고통을 참고 견뎌내지만, 아난다는 부처님의 입멸入滅을 걱정하고 그 후에 무엇에 의지해야 할 것인가를 묻게 된다. 경에는 이렇게 기록되어 있다.

어느 날 병이 회복되었을 때 아난다 비구가 부처님을 찾아왔다.
"부처님이시여. 오늘은 참으로 편안하게 보이십니다. 저희 대중들에게 무엇인가 하실 말씀이 있으십니까?"
"아난다여. 너희 대중들은 더 이상 내게 무엇을 기대하고 있는가? 평생 나는 안과 밖이 다르지 않은 가르침을 설하였다. 손바닥 안에 감춰 둔 비밀은 없느니라. 아난다여. 여래는 대중의 모임을 지도한 적이 없으며 또한 대중에게 내 지시를 따라 하기를 강요하지 않았다. 또한 여래는 그런 생각조차 하지 않았다. 아난다여. 이제 내 나이는 여든 살, 내 몸은 늙고 기력이 없다. 나의 몸도 가죽 끈으로 묶여 겨우 움직이고 있을 뿐이다.
아난다여. 너희 대중들은 자신을 의지처로 삼고 자신에게 귀의하고 남을 귀의처로 삼아서는 안 된다. 너희 대중들은 진리를 의지처로 삼고 진리에 귀의하여야 한다. 결코 다른 것에 귀의하여서는 안 된다. 아난다여 또한 너희 대중들은 자신을 등불 삼고 진리를 등불 삼아야 한다. 다른 것을 등불 삼아서는 안 된다."

이것이 바로 부처님이 제자들에게 남긴 자등명법등명自燈明法燈明이다. 이 가르침을 통해서 알 수 있는 매우 중요한 사실이 하나 있다. 즉 부처님은 스스로 자신이 지도자임을 내세우지 않았다는 점이다. 부처님이 만일 자신을 강조하였다면 '나는 세상을 구제하는 자이므로 나를 등불로 삼고 의지하라. 그렇지 않다면 지옥에 가게 될 것이다'라고 설법하였을지도 모른다. 그래서 부처님이 위대하다는 증거이다.

그 후 부처님은 자신의 입멸이 가까워졌음을 알고 바이샬리 근처의 모든 비구를 모아 놓고 자신의 죽음을 세 번씩이나 암시했지만 아무도 그것을 눈치채지 못했다. 그리고 춘다의 공양을 받고 부처님은 쿠시나가라로 최후의 여행을 떠난다. 경에는 이렇게 기록되어 있다.

아난다 비구가 자리를 뜨자 마왕이 나타나 부처님께 사뢰었다.
"부처님이시여. 지금 바로 열반에 드시옵소서. 부처님께서는 원하셨던 일들 모두 이루었습니다."
"마왕이여. 나는 나의 입멸에 대해 더 이상 생각하지 않느니라. 여래는 석 달 뒤 열반에 들 것이다."
부처님은 정진의 힘으로 목숨을 이어 가려는 생각을 포기하셨다. 이 순간 대지진이 일어났다. 많은 사람들이 무서워 몸을 덜덜 떨었으며 하늘에서는 큰 북이 찢어질 정도의 굉음이 들렸다. 아난다 비구가 놀라 달려왔다. 아난다는 비로소 부처님의 열반이 가까워졌다는 것을 예감했지만 이미 늦었다.

부처님은 어느 날 정오경 탁발을 마치고 나오시면서, 지긋이 바이샬리를 돌아보고 말씀하셨다.

"아난다여. 여래가 바이샬리를 보는 것도 이젠 마지막이구나."

부처님은 반디 마을에 이르러 '계율, 선정, 지혜, 해탈과 윤회를 벗어나는 네 가지 가르침'을 설하시고 쿠시나가라에서 '네 가지 교법'을 설하셨다.

부처님께서는 많은 대중들과 함께 망고 동산에 머무셨다. 대장장이 춘다는 곧 달려와 예배하고 다음 날 아침 공양에 초대하였다. 이튿날 아침, 부처님은 대중들과 함께 춘다 집으로 가서 공양을 하였다. 음식 가운데 스카라, 맛다바라는 요리가 있는 걸 아시고 그것을 자기 앞에만 놓게 하고 다른 대중들은 못 들게 하였다. 춘다의 공양을 받으시고 부처님께서는 고통이 심하셨으나 정진의 힘으로 참아 내시며 정신을 맑게 지니셨다.

"아난다여 이제 쿠시나가라 마을로 가자."

부처님은 쿠시나가라로 가는 도중, 길옆의 한 나무 밑에 앉아 물을 마시고 잠시 갈증을 풀고 강에서 목욕을 하신 뒤 입을 씻고 물을 드셨다. 그리고 강가 망고 숲속에 자리를 잡고 가사를 네 겹으로 접어 깔아 발을 포개고 누우셨다.

부처님께서 아난다 비구에게 말씀하셨다.

"아난다여. 장차 저 대장장이 춘다에게 '여래께서 그대가 올린 공양 때문에 병이 심해져서 입멸하셨다'고 이렇게 비난하는 사람이 있을지 모른다. 그로 말미암아 춘다가 내게 최후로 공양한 것을 후회하게 될지 모른다. 그대는 지금 춘다에게 가서 이렇게 말하며 위로하라. '춘다여. 부처님께서는 내게 이렇게 친히 말씀하셨습니다. 이 세상에서 가장 큰 공덕이 되는 두 가지의 공양이 있느니라. 무엇이 둘인가 하면, 하나는 그것을 먹고 깨달음을 실현한 최초의 공양이고, 다른 하나는 그것을 먹고 입멸하는 최후의 공양이다. 이 두 공양의 과보에는 아무 차별이 없느니라. 그러므로 춘다 그대는 장수할 것이며 장차 하늘나라에 태어날 것이오' 라고 전하라."

부처님께서 다시 아난다에게 말씀하셨다.

"아난다여. 우리는 이제부터 쿠시나가라 근교 여래가 입멸할 곳, 사라나무 숲으로 가자."

부처님은 고통을 참으며 아난다와 함께 쿠시나가라에 이르러 사라나무 숲으로 들어간다. 그리고 북쪽으로 향하고 오른쪽 옆구리를 아래로 두고 발 위에 발을 포갠 자세를 취한 다음 선정에 든 채로 열반에 들었다. 경에는 이렇게 기록되어 있다.

부처님께서는 많은 대중들과 함께 쿠시나가라 근교 사라나무 숲으로 향하셨다. 그곳에 도착하자 아난다 비구에게 말씀하셨다.

"아난다여. 이 한 쌍의 사라나무 사이에 머리가 북쪽이 되도록 자리를 마련하여라. 나는 피로하다. 눕고 싶구나."

가사를 네 겹으로 접어 깔고 부처님은 오른쪽 옆구리를 아래로 하고 두 발을 겹쳐 마치 사자가 누운 듯한 모습으로 바르게 의식을 보전하고 누우셨다. 그 순간 한 쌍의 사라나무는 계절이 아님에도 불구하고 갑작스럽게 온통 꽃을 피우기 시작했다. 그리고 그 꽃잎들이 여래의 몸 위에 한 잎, 한 잎 흩날리면서 떨어져 여래께 공양을 드렸다. 하늘에서는 전단향이 한들한들 흩날리면서 여래의 온몸 위에 떨어져 여래께 공양을 드렸다. 하늘의 악기가 허공으로 울려 퍼지면서 여래께 공양드리고 하늘에서 합창이 울리면서 여래께 공양을 드렸다.

부처님께서 말씀하셨다.

"아난다여 지금 사라나무와 하늘의 말다라바꽃, 전단향과 하늘의 악기, 하늘의 합창들이 여래를 공양하고 있다. 아난다여. 그러나 이런 일만이 여래를 공경, 공양하는 게 아니다. 비구, 비구니, 우바새, 우바이 등 사부대중들이 진리에 순응하여 행동하는 것이야말로 보다 깊게 여래를 공경, 공양하는 것이다."

그때 우파바나 비구가 세존의 정면에 서서 부채질을 해 드리고 있었다.

부처님께서 말씀하셨다.

"우파바나여. 비켜라. 나의 앞에 서 있지 말라."

아난다 비구가 여쭈었다.

"부처님이시여. 어찌 된 일이십니까? 어찌하여 우파바나 비구에게 비켜라 하시옵니까?"

부처님이 말씀하셨다.

"아난다여, 너희에게는 보이지 않으리라. 지금 이곳에는 시방세계의 모든 신들이 여래를 한 번 보고자 모여들고 있다. 이 쿠시나가라의 사라나무 숲 주위 10유순 안에는 큰 위력을 지닌 신들이 빽빽이 들어서 있다. 그런데 우파바나가 가로막고 서 있기 때문에 저 신들이 여래를 잘 보지 못하고 있는 것이다."

아난다가 다시 여쭈었다.

"부처님 지금까지 많은 수행자들이 여래를 뵙고자 여기로 왔고 저희 제자들은 훌륭한 대중들을 만나 받들어 모실 수 있었습니다. 하지만 여래께서 입멸하신다면 어디서 그런 훌륭한 대중들을 이제 뵐 수 있겠습니까? 부처님이시여. 이것이 저에게는 가장 큰 슬픔입니다."

"아난다여. 슬퍼하지 말라. 여래의 입멸 후에는 신심 깊은 제자들은 다음 네 곳을 찾아보면서 여래를 생각하라.

첫째, '이곳에서 여래께서 태어나셨다'라는 탄생지를 찾아야 한다.

둘째, '이곳에서 여래께서 위없는 바른 깨달음을 이루셨다'라는 정각지를 찾으라.

셋째, '이곳에서 여래께서 위없는 법의 바퀴를 굴리셨다'라는 설법지를 찾으라.

넷째, '이곳에서 여래께서 온전한 입멸에 드셨다'라는 입멸지를 찾으라."

부처님께서는 마침내 고요하고 영원한 선정에 깊이 들었다. 때는 부처님이 여든 살 되시던 해의 2월 보름이었다.

부처님의 시신屍身을 화장하자 여덟 섬 너 말이나 되는 많은 사리舍利가 나왔다. 이 사리를 여덟 나라의 왕들이 분배하여 인도 각지에 사리탑을 세워 모셨다. 부처님은 열반상을 통해서 허망한 육신에 집착하지 말고, 영원히 변치 않는 법신法身을 찾으라고 가르쳤다.

부처님의 32길상吉相과 80종호種好의 장엄한 육신도 결국 다비장에서 사라지고 말았다. 쌍림열반상은 최후의 순간까지도 방일하지 말고 정진하라고 가르쳤던 부처님의 입멸을 마지막까지 보여 주는 것이다. 우리는 이를 보고 부처님의 정신을 배우지 않을 수 없다.

제3장

선묵혜자 스님과 마음으로 찾아가는
108산사순례기도회

108산사 순례기도회

'선묵혜자스님과 마음으로 찾아가는 108산사순례기도회'

바른 마음 자비 실천으로 아름다운 세상을 만들어 갑니다.

10대 행원

* 우리는 삼보를 믿고 찬탄 공경합니다
* 우리는 모든 중생들에게 널리 베풉니다.
* 우리는 이웃들에게 칭찬하는 말만 합니다.
* 우리는 생활하며 지은 잘못을 참회합니다.
* 우리는 다른 사람의 공덕을 함께 기뻐합니다.
* 우리는 부처님의 가르침을 배우고 실천합니다.
* 우리는 이웃들을 거스르지 않는 행동을 합니다.
* 우리는 정법을 따르고 삿된 행을 하지 않습니다.
* 우리는 대중의 뜻에 따르고 화합합니다.
* 우리는 모든 수행의 공덕을 중생과 깨달음의 길로 돌립니다.

108산사순례는 스님에겐 구법求法 여행이며 회원에겐 보현행의 실천

부처님께서 성불을 하시고 49년 동안 중생을 위해 설법을 하신지 2천 5백여 년이 지났지만 아직도 중생들은 번뇌로 인해 많은 고통을 당하고 있다. 그 원인은 제대로 올바른 수행 방법을 찾지 못하고 있기 때문인데 순례도 수행의 한 방법으로써 오래전부터 인도와 중국, 인도, 일본 등지에서 행해졌다.

오늘날 우리나라의 순례문화는 사찰마다 조금씩 행해 왔지만 크게 활성화되지는 못했다. 그런 측면에서 볼 때 선묵 혜자 스님의 108산사순례가 차지하는 의미는 매우 크다.

불가佛家의 수행방법은 여러 가지가 있다. 단절된 공간에서 오로지 수행만을 하는 무문관無門關 결사, 결제 정주定住하면서 정진하는 안거, 해제 후 바람소리 물소리를 들으며 구름 따라 걷는 운수납자의 만행과 부처님의 성지를 찾아 그 가르침을 되새기는 순례 또한 하나의 수행이다.

물론, 옛날 천목산 사자바위 서편 바위 동굴 속에서 '사관死棺의 패牌'를 내걸고 비장한 마음으로 성불을 이루지 못하면 이곳에서 죽겠다며 정진에 들었던 고봉 원묘선사와 같은 선승들의 수행과는 비교할 수 없지만, 공부와 포교는 둘이 아닌 하나이기 때문에 포교에 정진하여 부처님의 법을 전하는 순례 또한 하나의 수행이다.

인도의 성지 순례

오늘날 인도인의 성지 순례는 세계인의 주목을 많이 받고 있다. 현재 인도에는 수많은 불교도가 있는데, 인도 불교의 평신도들의 생활은 사원에서의 기도와 집을 떠난 순례로 각각 특징지어진다. 불상은 성스러운 유물들과 마찬가지로 도처에서 경배되고 있으며 사르나트Sarnath 등의 성지를 찾는 사람들이 많다.

인도의 불교는 니르바나Nirvana 즉 열반에 목표를 두고 인생의 궁극적 목적을 '이 세계의 고통으로부터의 해방'에 두고 있다. 그리고 힌두교와 더불어 인도에 있어서 이 두 종교는 모두 '윤회의 겁'에서 벗어나는 것을 최상의 가치로 생각하고 있지만 불교는 이 '윤회의 겁'에서 벗어나는 자격을 제한하지 않은 반면, 힌두교는 브라만 계급에게만 한정하였다는 데 그 차별을 둘 수 있다. 때문에 불교는 힌두교보다 상대적으로 '평등을 강조하는 종교'로 특징되어진다.

인도인들은 뜻 깊은 날이 되면 바다와 강이 합류하는 곳에서 몸을 씻기 위해 먼 길을 순례한다. 수백만 명의 힌두교 신자들은 세계에서 가장 큰 종교집회로 알려진 신성한 갠지스 강 집회에 참석해 새벽녘에 물속에 몸을 씻는다. 이는 의식의 개념이 아니라 삶의 한 방식이며 인도 그 자체를 상징하는 하나의 문화라 봐도 무방하다. 인도의 종교문화는 윤회와 업, 그리고 해탈사상으로 자리 잡혀 있다. 이 사상들 속에 인도인에게 가장 깊이 자리 잡고 있는 것은 바로 현재의 나를 있는 그대로 받아들이는 '숙명론宿命論'으로 볼 수 있다.

이것이 인도인들이 먼 길을 순례하는 궁극적인 이유이며 때문에 인도 문화는 곧 순례의 문화라고 해도 손색없을 것이다.

한국, 중국, 일본의 순례

일반적으로 한국과 중국, 일본은 의사소통을 했던 한자漢字와 사유思惟의 근간이었던 불교문화를 공유했던 문화권으로 볼 수 있다.

　일찍이 우리나라의 옛 고승들도 목숨을 건 구도여행을 자주 떠났다. 신라의 원효스님이 구법여행 중, 해골에 담긴 물을 마시고 난 후, '일체유심조一切唯心造'의 진리를 터득한 것이나 통일신라 때 혜초스님이 부처님이 태어나신 나라에 가서 불교의 진리를 배우기 위해 장사꾼의 배를 타고 인도에 도착, 각지를 순례하고 육로를 통해 십 년 동안 걸어서 당나라에 와서 쓴 '왕오천축국전'도 구법여행으로 얻어진 하나의 유산遺産이다.

　혜초스님은 서역을 가는 데 단 1년이 걸렸지만 돌아오는 길은 그야말로 생生과 사死의 아찔한 순간을 수도 없이 많이 맞았다. 그때 스님은 '그대는 서역 길이 먼 것을 한탄하나 나는 동방으로 가는 길이 먼 것을 두려워한다. 길은 거칠고 눈은 산마루에 쌓이고 골짜기마다 도적 떼가 우글거린다.'라고 한 편의 시를 읊기도 하였으며 인도에서 중국으로 오는 데 많은 시간이 소요된 것은 바로 세계의 지붕이라 일컫는 '파미르 고원' 때문이었다.

중국에서는 당나라 태종太宗때 현장玄藏 스님도 13세에 승적僧籍에 올라 장안長安·청두成都와 그 밖의 중국 중북부의 여러 도시를 순례하며 불교 연구에 진력한 뒤, 인간 생사生死의 의문을 품고 629년 인도순례를 떠나 불교 연구에 몰두하다가 641년 많은 경전과 불상을 가지고 힌두쿠시와 파미르 고원의 두 험로를 넘고 호탄을 거쳐서 645년 정월에 장안으로 돌아와 74부 1,335권의 경전을 한역하고, 인도여행기인 『대당서역기大唐西域記』(12권)를 저술한 것도 하나의 일화로 남아 있다.

그리고 또 일본의 불교는 토속적인 신도神道신앙과 더불어 일본인들의 심층의식을 지배하고 있다. 한반도와 긴밀한 관계 속에 있었던 과거 야마토 왜, 나라, 헤이안 시대의 불교는 일본인들의 정신 그 자체였다.

일본의 순례는 이미 1,200여 년 전부터 홍법대사弘法大師가 성지순례를 시작한 후 지금까지 면면히 이어져 오고 있는 유서 깊은 전통이 있는데 이러한 전통은 에도시대江戶時代를 거쳐 신도와 불교를 결합시키는 메이지明治時代, 그리고 현재까지 이어져 내려오고 있다. 일본의 순례는 즉 그들의 정체성의 발로이자 인식의 근간이었던 것이다. 그들은 불교 성지를 순례하면서 불교정신을 스스로 확인하고자 했다.

이와 같이 한, 중, 일 삼국의 불교문화 중심에 가장 뿌리 깊었던 것은 바로 승려들의 구법여행이었다. 승려들이 법을 구하기 위해 순례를 떠나고 거기에서 상호 간에 불교문화를 전래하거나 새로운 법을 구해 가지고 돌아와 그 나라에 불법(佛法)을 전파했던 것이다. 이를 볼 때 순례는 역사상 가장 많은 문화적 자취를 남기게 한 하나의 수행법이었다고 볼 수 있다.

선재동자의 53선지식 화엄경순례

이밖에 순례 하면 빼놓을 수 없는 것이 53선지식을 만나기 위해 길을 떠난 선재동자의 '화엄경 순례'이다. 화엄경은 심오하고 방대하지만 마지막 부분인 보현행원품에 선재동자의 구도여행이 잘 나타나 있다. 80화엄경에서 후반부를 이루는 대부분이 선재동자의 구도기求道記이고, 40화엄경은 선재동자 이야기만 떼어서 경으로 편집했을 정도이니 그 중요성을 짐작하고도 남음이 있을 것이다.

 선재동자는 한 분의 선지식을 만나 법문을 듣고 그 분에게서 또 다른 선지식을 소개받아 먼 순례를 나섰다. 놀라운 사실은 선재동자가 만난 선지식은 비단 불교인만이 아니라 보살, 비구, 비구니, 여신도, 브라만, 외도, 도인, 신, 왕, 장자, 배 만드는 인부, 부인, 매춘부, 소년과 소녀 등 각계각층의 사람들이었다는 점이다. 즉, 진리를 배우는 일에는 스승을 가릴 바가 없다는 사상의 표현이며, 나아가 지혜로운 사람, 타락하고 병든 이에게서도 그 배움을 얻고자 했다는 데에 있다. 이것이 바로 선재동자의 '화엄경순례'이다.

 이와 같이 인도, 중국, 한국, 일본, 선재동자의 화엄경순례를 점검해 볼 때 모든 순례는 궁극적으로 자기 성불을 위한 것이었다. 하지만 오늘날 우리 '108산사순례'의 목적은 기도와 선행을 통해 '잃어버린 자기의 마음을 찾기 위한 자아성찰自我省察'에 그 목적을 두고 있다. 이것이 '108 산사 순례'의 참된 종교적宗敎的 의의意義이다.

요약하자면, 불교는 궁극적으로 인도로부터 달마대사가 중국으로 건너오고, 통일신라의 혜초, 당나라의 현장스님이 인도의 순례를 통해 중국에 불교와 경전經典의 전래가 이루어졌으며 이후 한국을 거쳐 일본으로 건너가게 된 것이다. 이것이 바로 순례의 힘이다.

108산사순례란 무엇인가

공식명칭은 '선묵혜자스님과 마음으로 찾아가는 108산사순례기도회'이다. 108산사 찾아 108불공을 올리며 108배하며 108번뇌를 소멸하고 108 자비 나눔으로, 108공덕을 쌓고 108염주를 만들어 인연 공덕을 쌓아 감으로써 '바른 마음 자비 실천으로 아름다운 세상을 만들어가는' 단체이다. 그러므로 기존의 타 성지순례와는 확연한 차이점이 있다. 부산 · 경주 · 울산 · 울진 · 포항 · 대구 · 대전 · 보령 · 광주 · 순천 · 인천 · 서울 · 춘천 · 원주 · 강릉 · 일산 · 경기일원 등 지방 법등法燈이 있다.

[108산사순례 전국법등]

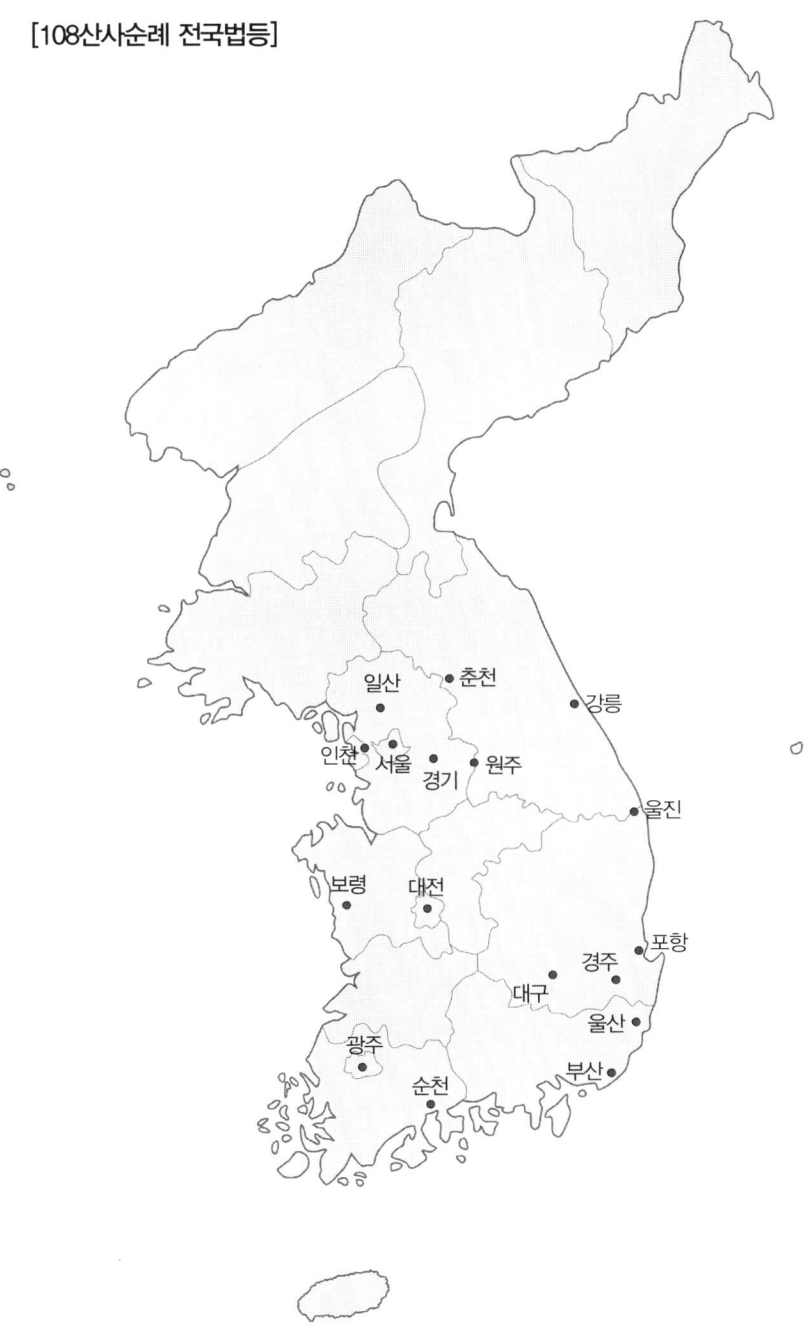

오늘날 이 단체가 21세기 불교신행문화의 패러다임을 창출하고 새로운 포교문화를 선도해 가는 순수한 신행단체로서 큰 주목을 받고 있는 이유는 '위로는 깨달음을 구하고 아래로는 중생을 교화하는 상구보리 하화중생上求菩提 下化衆生'에 그 바탕을 두고 있기 때문인데 바로 자신의 발원은 물론 대중들과 함께하는 기도회라는 점이다.

그러므로 '108산사순례'는 스님에게 있어서는 하나의 구법여행이며 회원들에게는 바른 마음 자비 실천으로 아름다운 세상을 만들어 가는 보현행원의 실천이라 할 수 있다. 스님이 '산사순례기도회'를 결성하게 된 것은 불타의 자비사상과 은사인 청담대종사의 포교 원력願力을 구현하기 위함이었는데 원로, 대덕 스님은 물론, 많은 대중들의 격려로 불교계의 가장 큰 상인 만해포교 대상을 받았다.

친환경 지킴이의 일환으로 우리 농산물 사 주기, 장병들을 위한 간식 제공, 다문화가정 인연 맺기, 효행상 시상, 소년·소녀 가장 장학금 주기, 108선묵 장학금, 108약사여래 보시금 등 사회의 전 부분에 걸쳐 선행과 보시 활동을 펼치고 있는 단체이다.

108불공佛供의 의미

불공이란 '부처님 재세 때에 불자佛子가 삼보께 나아가 지극 정성으로 꽃, 향, 차를 드리고 공양을 올리며 자신의 소망을 비는 것'이라고 할 수 있다. 그러나 석가모니 부처님께서 열반하신 후에는 부처님, 보살, 스님, 탑 나아가 일체중생들에게 겸손과 감사의 뜻으로 바치는 순수한 수행의식으로 바뀌었다.

산사순례에서의 '108불공'의 의미는 전국 108개의 사찰에 계신 부처님께 불공을 드린다는 뜻이다. 진실로 한 달에 한 번씩 비가 오나 눈이 오나 바람이 부나 순례를 나서 부처님께 올리는 108불공의 공덕은 매우 크다고 하겠다. 불법승佛法僧 삼보三寶께 귀의 공양을 올리는 것은 탐욕에 가려져 있는 본래의 자기를 회복하려는 구도求道의 작업이자 이웃을 향한 끝없는 자비를 키워 가는 행위로서 보살행의 첫출발이기도 하다.

처음 곡식을 거두었을 때나 일을 하여 보수를 받았을 때, 혹은 좋은 일 궂은 일이 있을 때, 자신의 분수에 맞게 공양물을 준비하여 부처님께 올리고 감사의 마음으로 불공드림으로써 정법에 어긋나지 않음은 물론 우리 모두에게 이익 되는 소원을 성취하려는 의식이 바로 불공이다.

따라서 108산사순례에서는 직접 스님이 개개인의 축원을 받아 일일이 축원문을 읽는다. 특히 108산사순례 때는 전일과 당일만이라도 계율을 잘 지켜 몸과 마음을 정결하게 하는 것이 좋다. 그리고 부처님께 공양을 올리고 기와불사를 하는 것도 불공을 드리는 한 예라고 할 수 있다.

108배의 의미

부처님께 절을 한다는 것은 많은 의미를 가지고 있다. 특히 자신의 몸을 하심下心함으로써 겸손을 배우고 나아가 진리를 구한다는 깊은 뜻이 담겨 있다. 그런데 우리는 왜 부처님께 절을 하면서 굳이 108배라는 의미를 쓸까?

불교에서는 108이라는 숫자를 인용하여 108배를 한다는 것은 전생과 현생에 지은 죄에 대한 하나의 참회의식으로 보기 때문이다.

108산사에 계신 불상을 바라보면서 108참회문을 읽으며 지극 정성으로 108배를 하는 것은 부처님의 의미를 마음속으로 관하고 먼저 깨달으신 자비로운 부처님의 모습을 닮아 가기 위해서이다. 그러므로 108배는 중생이 불도를 이루기 위한 하나의 수행과정이다.

인간은 세상을 살아가는 동안 참으로 셀 수 없이 많은 고민과 번민을 만난다. 그러나 알고 보면 108가지에 지나지 않는다. 즉 팔만사천 번뇌는 모두 108번뇌로 요약할 수 있는데 불교에서의 108이라는 숫자는 단순하게 많다는 뜻으로 해석할 수 있다. 그다음은 중생이 가지고 있는 온갖 번뇌를 지칭한다.

인간의 번뇌가 108인 까닭은 나름대로 이유가 있다. 인간은 사물에 대하여 6근六根인 안眼, 이耳, 비鼻, 설舌, 신身, 의意로 인식하고 여기에 6경六境인 색色, 성聲, 향香, 미味, 촉觸, 법法:진리과 부딪치게 된다. 이 12가지에 호好, 악惡, 평등平等인 좋다·싫다·좋지도 않고 싫지도 않다는 3가지 인식작용이 생기게 된다. 즉 6+6=12×3인 36가지가 된다. 여기에 과거와 현재 그리고 미래의 3세世를 곱하면 108 번뇌가 되는 것이다. 그러므로 불교에서의 108이라는 의미는 버려야 할 번뇌 망상이 108가지요 반대로 쟁취해야 할 진리와 복덕이 108가지란 의미이다.

그러므로 삼보三寶께 귀의 공양하고 108배를 올리는 것의 진정한 의미는 바로 부처님께 무한한 절을 올리는 것과 다름이 없다. 곧 108배는 삼천 번, 만 배, 천만 배의 지극한 공덕을 가진다는 뜻이므로, 이것은 탐욕에 가려져 있는 본래의 자기를 회복하려는 구도의 한 작업이자 이웃을 향한 끝없는 자비를 키워 가는 행위로서 보살행의 첫출발이다.

108번뇌란 무엇인가

108이라는 숫자의 개념은 원래부터 부처님의 탄생지인 인도에서부터 시작되었다. 당시 인도에서도 염송, 번뇌, 법문, 종 등 여러 곳에서 사용한 흔적을 볼 수 있다. 108번뇌 또한 중생이 가지고 있는 온갖 번뇌를 108가지로 압축 열거한 것이다. 사람이 중생세간衆生世間을 살면서 어찌 108가지의 번뇌만 가지고 있겠는가. 그러므로 108이라는 숫자를 통해 중생의 번뇌가 많음을 의미한다고 볼 수 있는데 그 유래는 다음과 같다.

앞에서 설명한 것과 마찬가지로 인간은 육근과 육경이 만나서 세 가지 인식작용인 호好, 악惡, 평등平等의 삼수三受를 가지게 된다.

6근六根을 풀이하면 눈, 귀, 코, 혀, 몸, 뜻이다. 눈은 늘 아름다운 것만 보려고 하고, 귀는 좋은 소리만 들으려고만 하고, 코는 좋은 냄새만 맡으려고 한다. 그리고 혀는 맛나는 것만 먹으려 하고 몸은 쾌감만을 원한다. 그리고 생각은 탐욕으로 가득 차 있다. 경전에서는 이를 여섯 가지 도둑놈이라고 지칭한다.

여섯 가지 도둑놈인 육근은 늘 자신이 원하는 색色, 성聲, 향香, 미味, 촉觸, 법法(진리)인 육경과 늘 부딪치게 있다. 여기에 좋다. 나쁘다. 무덤덤하다의 세 경계가 작용하게 되어 36가지의 인식작용이 생기게 된다.

그런데 놀랍게도 이 36가지의 끊임없는 인식작용은 과거에도 그래 왔으며, 현재에도 작용하고 있고 미래에도 여전히 작용할 것이라는 것이다. 이것이 바로 3세世이다. 즉 36가지 인식작용에 전세, 현세, 미래세 3을 곱하면 108가지의 번뇌가 생기게 되는 것이다. 그러므로 108번뇌란 전생, 현생, 내생에도 인간에게 끊어질 수 없는 번뇌라는 뜻이 담겨 있다.

108산사순례를 나서 108번뇌를 끊고 참회의 기도를 하는 것은 현세뿐만이 아니라 과거의 업을 지우고 미래세를 위함이다.

108자비
나눔의 의미

자비란 불교에서 중생에게 행복을 베풀며, 고뇌를 제거해 주는 것을 가리키는 말이다. '자慈'는 모든 사람들에게 평등한 사랑을 갖는 의미이며 또 '비悲'는 중생의 괴로움에 대한 깊은 이해와 동정·연민을 나타낸다. 그래서 부처님의 광대한 자비를 '대자대비大慈大悲'라고 한다. 이는 석가모니 부처님의 자비를 나타내는 데 흔히 사용되는데 석가모니 부처님의 자비는 중생의 괴로움을 자신의 괴로움으로 하기 때문에 '동체대비同體大悲사상'이라고 한다. 『열반경涅槃經』과 『대지도론大智度論』 등에 따르면 자비에는 중생을 대상으로 일으키는 중생연衆生緣, 모든 존재를 대상으로 하여 일으키는 법연法緣, 대상이 없이 일으키는 무연無緣 등 3연緣이 있다.

원래 불교적 관점에서 보면 인간은 숙세宿世로부터 참으로 많은 업을 짓고 살아 왔다. 이러한 업을 없앨 수 있는 유일한 방법은 바로 어려운 이웃을 돕는 자비정신이다.

우리 108산사순례기도회가 108선묵 장학금, 다문화가정 인연맺기, 108약사여래보시금, 효행상, 국군장병 초코파이 간식 제공, 농촌사랑을 하는 것도 모두 자비나눔의 실천이라 할 수 있다. 이것이 바로 과거세의 모든 업을 참회하고 밝고 떳떳한 마음으로 살아갈 수 있는 길이다. 108 자비나눔이란 우리가 남을 위해 베풀 자비는 무한하다는 뜻을 담고 있다고 하겠다.

108공덕의 의미

공덕이란 산스크리트어인 '구나Guna'를 번역한 말로 연기緣起와 윤회를 근본으로 하는 불교에서 가장 중시한다. 냇물에 징검다리를 놓아 다른 사람들이 쉽게 건널 수 있게 하는 월천공덕越川功德, 가난한 사람에게 옷과 음식을 주는 구난공덕救難功德 · 걸립공덕乞粒功德, 병든 사람에게 약을 주는 활인공덕活人功德 등 매우 많으며, 선한 마음으로 남을 위해 베푸는 모든 행위와 마음 씀씀이가 모두 공덕이 된다고 볼 수 있다.

이 중에서 가장 큰 공덕은 '불법에 귀의하여 깨달음을 닦는 것'이고 이러한 사람을 보고 함께 기뻐하는 것도 큰 공덕이 된다. 절과 탑을 세우고, 경전을 옮기며, 불상을 모시는 행위 또한 공덕이 되며 명절이나 절기·재일에 절에 가서 기도를 하는 것도 큰 공덕이 된다.

다시 말해 공덕은 남을 위하거나 도와서 자신의 덕행을 쌓는 것을 말하는데 결과보다 그것을 쌓고 닦아 가는 과정이 더 중요하다. 보시는 공덕의 밑거름이 되므로 보시를 많이 하면 할수록 공덕 또한 많이 쌓인다.

하지만 요즘 세상에 나 살기도 힘든데 남을 위해 일한다는 것은 쉬운 일이 아니다. 그러나 따지고 보면 어려운 일도 아니다. 남에게 매사에 공을 들이고 소홀하지 않다 보면 자연히 덕도 쉽게 쌓인다.

'겸양지덕謙讓之德'이라는 말이 있다. 비록, 가진 것이 없다고 해도 겸손하면 그것이 덕이 된다는 말이다. 남을 칭찬하고 자기를 낮추는 하심下心을 많이 하면 자연히 덕이 쌓이게 되고 이것이 나중에 공덕이 된다. 그러므로 공덕은 장차 좋은 과보를 얻기 위해 쌓는 선행으로 볼 수 있다.

108산사순례에서의 108공덕을 쌓는다는 뜻은 참된 자비나눔으로 무한히 많은 공덕을 쌓아야 한다는 깊은 뜻이 담겨 있다.

108염주의
참된 의미

'108산사순례'에서 가장 핵심적인 것은 '108염주'에 있다. 이 108염주를 꿰려면 한 달에 한 번씩 무려 9년 동안 비가 오나 눈이 오나 바람이 부나 단 한 번도 빠짐없이 다녀야 한다. 한마디로 말해 보물이요, 집안의 가보이다. 그래서 108산사순례에서 108염주는 '이 세상 끝까지 따라가는 아름다운 추억의 염주, 위대한 염주'라고 말할 수 있다.

108염주 한 알 한 알은 108산사순례의 불법佛法이다. 이를 만난 인연은 『화엄경』의 '파지옥의 게'처럼 위대하다. 그래서 선묵혜자 스님은 지금도 한 알 한 알 회원들에게 지극 정성으로 일일이 나누어 주고 있는 것이다.

원래 염주는 염불이나 참회 시에 쓰는 법구이다. 보리수 열매(나무를 구슬처럼 깎아 만들기도 함)를 꿰어 만들었다. 백팔번뇌를 뜻하는 백팔염주를 표준으로 하여 일천염주, 삼천염주, 일만염주가 있으며 여덟 개나 스물하나(일정치는 않음)로 만든 것을 단주短珠라 하고 손목에 차는 작은 염주를 합장주合掌珠라 한다. 염주의 출처는 『불설목환자경』에 번뇌와 업보의 장애를 소멸하고자 하는 자는 목환자(나무열매) 백 여덟 개를 무수히 돌리면서 '나무불, 나무법, 나무승' 하고 삼보를 염송하면 모든 번뇌와 업보의 속박으로부터 해탈하게 된다는 내용이 있다.

108염주에 담긴 의미

* 염주 한 알 속에는 끊어질 수 없는 108인연의 끈이 담겨 있다.
* 염주 한 알 속에는 부처님의 미소가 서려 있다.
* 염주 한 알 속에는 10년간의 공덕이 들어 있다.
* 염주 한 알 속에는 헤아릴 수 없이 깊고 오묘한 부처님의 불법이 담겨 있다.
* 염주 한 알 속에는 부처님의 마음이 들어 있다.
* 염주 한 알 속에는 우주의 진리가 모두 들어 있다.
* 염주 한 알 속에는 불자들의 서원誓願이 깃들어 있다.
* 염주 한 알 속에는 부처님의 법륜이 구르고 있다.
* 염주 한 알 속에는 부처님의 가피와 일원상이 담겨 있다.

108산사 회원들은
모두 보현행원이다

『화엄경』에는 보현보살普賢菩薩의 행원을 기록한 보현행원품普賢行願品이 있다. 이것은 부처님의 공덕을 성취하고자 하면 보현보살의 10대원을 닦아야 함을 밝힌 내용으로 서분序分 · 예경분 · 찬양분讚揚分 · 공양분供養分 · 참회분懺悔分 · 수희분隨喜分 · 청법분請法分 · 청주분請住分 · 수학분隨學分 · 수순분隨順分 · 회향분廻向分 · 총결분總結分 · 중송분 등 구체적인 실천 사항들이 적혀 있다.

  첫째는 모든 부처님께 예배하고 공경하라. 둘째는 부처님을 찬탄하라. 셋째는 널리 공양하라. 넷째는 업장을 참회하라. 다섯째는 남이 짓는 공덕을 기뻐하라. 여섯째는 설법하여 주시기를 청하라. 일곱째는 부처님께 이 세상에 오래 계시기를 청하라. 여덟째는 항상 부처님을 따라 배우라. 아홉째는 항상 중생을 수순하라. 열째는 지은 바 모든 공덕을 널리 회향하라.
  보현보살이 이 십대원을 읊자 선재동자는 한량없이 뛸 듯 기뻐하였으며, 일체 보살들은 모두 크게 환희하였다고 한다. 이 내용을 자세히 살펴보면 바로 우리 108산사순례기도회가 실천하고 있는 내용이며 앞으로 행하여야 할 것들이다. 결국 우리 회원 모두가 보현보살인 것이다.

제4장

부처님의 위대한 가르침

걸림 없는 삶을 살라

- 유리하다고 교만하지 말고 불리하다고 비굴하지 말라
- 무엇을 들었다고 쉽게 행동하지 말고 그것이 사실인지 깊이 생각하여 이치가 명확할 때 과감히 행동하라
- 벙어리처럼 침묵하고 임금처럼 말하며 눈처럼 냉정하고 불처럼 뜨거워라
- 태산 같은 자부심을 갖고 쓰러진 풀처럼 자기를 낮추어라
- 역경을 참아 이겨내고 형편이 잘 풀릴 때를 조심하라
- 재물을 오물처럼 볼 줄도 알고 터지는 분노를 잘 다스려라
- 때로는 마음껏 풍류를 즐기고 사슴처럼 두려워할 줄 알고 호랑이처럼 무섭고 사나워라

이것이 지혜로운 이의 삶이니라.
- 『법보장경』

팔정도
八正道

부처님을 의왕醫王이라고 부른다. 이는 중생들이 무명이라는 중병에 걸려 고통을 당할 때 올바른 치료법을 처방해 주신 데 따른 별호이다. 중생이 가진 병이 무엇인지를 가르쳐 준 것이 고성제, 원인을 가르쳐 준 것이 집성제, 나아가 병의 원인을 제거하면 본래의 건강을 찾을 수 있다는 것이 멸성제, 본래의 건강을 찾기 위한 치료법이 도성제이다. 그런데 병과 원인을 안다고 해서 제대로 치료를 할 수 없다. 그 치료를 위해 구체적으로 내린 처방전이 팔정도와 사성제이다. 부처님은 이때 두 극단을 버리고 바른 중도中道를 깨닫고 눈과 지혜로서 여덟 가지의 바른길을 제시하셨던 것이다. 팔정도는 정견正見, 정사유正思惟, 정어正語, 정업正業, 정명正命, 정정진正精進, 정념正念, 정정正定이다.

정견은 자신의 개인적인 생각을 버리고 편견 없이 세상을 있는 그대로 보는 지혜를 가리킨다. 즉 여실지견如實知見이다. 여실히 지혜로써 사물을 보라는 뜻인데 사물을 있는 그대로 직시하고 바르게 보아야 한다. 가치관의 형성에 매우 중요하다.

정사유는 바른 생각이다. 바른 견해인 정견을 가져야만 바른 생각이 따라온다. 사물을 있는 그대로 보고 그 이치에 맞게 생각하라는 것이다. 행동에 앞서 깊이 생각하라는 뜻이다.

정어는 바른 말이다. 말은 사람과 사람이 생각과 의견을 나누는 중요한 수단이다. 거짓말을 하거나 상대방을 이간질하고 또한 욕을 하거나 비방하는 것은 곧 그 사람의 삐뚤어진 생각과 시각이다. 그러므로 항상 바른 말을 하도록 해야 한다. 말은 구업口業을 짓는 원인이 되므로 항상 남을 존중하는 말을 하는 것이 좋다.

정업은 바른 행동이다. 사람은 모든 행동을 정직하고 바르게 해야 한다. 이 또한 바른 견해, 바른 생각이 있어야만 올바른 행동을 할 수 있다.

정명은 바른 직업을 가지고 바른 생활을 하는 것을 뜻한다. 일을 할 때도 옳은 일인가 나쁜 일인가를 잘 판단하고 몸과 마음을 잘 다스려 신구의身口意 삼업三業을 청정히 해야 업을 짓지 않는다.

정정진은 마음의 깨달음을 위해 부단하게 앞으로 나아가는 것을 말한다. 끊임없는 노력은 곧 성공의 지름길이다. 나쁜 일은 물리치고 옳은 일은 물러섬이 없이 최선을 다하는 용기와 노력, 그리고 정열이 필요하다.

정념은 바른 마음을 챙기는 것이다. 옳은 일에는 항상 마음을 집중하여 허튼 마음을 버리고 옳은 마음을 챙겨 항상 바로 깨어 있는 것이 중요하다.

정정은 바른 선정이다. 바른 마음을 챙기는 것은 곧 마음을 집중하여 바른 마음을 가져 삼매三昧의 경지에 들어가게 한다. 그리하여 마음을 고요한 상태에 두는 것이다. 이때 사람은 지혜를 얻게 된다. 즉 기도·명상·참선이 정정을 구하는 길이다.

사성제 四聖諦

사성제는 현실의 고통에서 벗어나 진리를 구현하는 '네 가지의 성스러운 가르침'이다. 부처님이 바라나시 녹야원에서 비구들에게 행한 첫 번째의 위대한 설법으로 현실에 맞게 연기법을 설명한 것이다.

괴로움에 대한 가르침苦, 괴로움의 원인에 대한 가르침集, 괴로움의 소멸에 대한 가르침滅, 괴로움을 소멸시키는 길에 대한 가르침道, 이를 줄여 '고집멸도苦集滅道'라고 한다.

고집멸도는 서로 두 가지씩의 원인과 결과를 현실 세계의 대비를 통해 설명한 것이다. 원래 인간은 태어나면서부터 생로병사의 고통을 동시에 가지고 있으며 살면서 또 다른 고통을 얻게 된다. 이 고를 가르친 것이 바로 고성제苦聖諦이다.

인간의 고통은 왜 생기는 것일까? 그것은 인간이 가진 집착에서 비롯되는 것이다. 원래 세계는 무상한데 인간은 이 속에서 끊임없이 영원한 것을 찾게 되고 이런 집착 때문에 스스로 고통이 생기게 된다. 이것이 바로 집성제集聖諦이다.

이 세상에는 고통이 있는 세계와 고통이 없는 세계가 있다. 멸성제滅聖諦는 고통의 원인이 사라진 상태를 이야기하는데 즉 해탈과 열반의 경지에 있음을 가르친 것이다.

그리고 고통의 원인을 없애 그 열반에 이르는 길을 가기 위한 것이 바로 도성제道聖諦이다. 그리고 그 도를 위한 것이 팔정도인 것이다.

연기(緣起)의 가르침

어느 날 깨달음을 얻은 석가모니 부처님은 우루벨라 마을의 네란자라 강가에 있는 보리수 아래에 앉아 계셨다. 그때 세존께서는 7일 동안 정좌하신 채 해탈의 법열을 누리고 계셨다. 7일이 지난 뒤 세존께서는 해탈의 법열에서 깨어나 연기법을 깊이 생각하셨다.
― 『잡아함경』

불교입문에 있어 부처님의 연기緣起에 대한 가르침은 매우 중요하다. 이것은 불교가 타 종교에 비해 왜 우수한가를 보여 주는 선례이기 때문이다. 석가모니 부처님은 6년간의 모진 고행 끝에 선정에 든 지 7일째 되는 날 하늘의 샛별을 보고 태어남이 있으므로 늙음과 죽음이 있다는 '생과 소멸의 관계'가 있다는 연기를 깨달았다.

모든 것은 원인이 있으며 원인을 근거로 생겨나고 원인이 사라지면 소멸한다는 것이다. 이것을 부처님은 이렇게 말씀하셨다.

이것이 있기 때문에 저것이 있다.
이것이 생김으로써 저것이 생긴다.
이것이 없기 때문에 저것이 없고
이것이 사라짐으로써 저것이 사라진다.
― 『잡아함경 제14, 358경』

일반적으로 연기법은 '인연법' 또는 '인과법'이라고 한다. 이 세상의 모든 것은 홀로 존재하지 않고 반드시 상호 관계 속에서 존재한다는 진리이다. 즉 원인과 결과가 되어 서로 의존 관계가 되어 생겨난다는 뜻이다.

예를 들면 나무에 불이 붙으면 연기가 나는 것은 불이 있기 때문에 연기가 나는 것이지 홀로 연기가 생길 수 없다는 것이다.

'이것이 있기 때문에 저것이 있고, 이것이 생김으로써 저것이 생긴다'는 말씀은 곧 모든 존재하는 것은 그 생성의 이유가 있으며, '이것이 없기 때문에 저것이 없고, 이것이 사라짐으로써 저것이 사라진다'는 말씀은 존재하는 것은 모두 소멸한다는 것이다. 그러므로 연기법은 '생성과 소멸의 상호 관계'를 뜻한다.

다시 말해, 우리가 겪는 고통과 슬픔은 혼자서 우연히 일어나는 것이 아니라 필연적인 원인과 조건이 있기 때문에 생겨났다는 것이다. 즉 어떤 사소한 원인이든 간에 그것이 여러 가지 조건과 결합이 되면 반드시 커다란 결과를 동반한다.

그래서 부처님은 '어떤 이유 때문에 늙음과 죽음이 있으며 어떤 조건 때문에 늙음과 죽음이 있는 것일까?'라고 깊은 사유를 하신 끝에 마침내 십이연기를 발견한다.

십이연기는 중생의 삶이 12가지로 윤회하는 과정이다.

이것이 있으면 저것이 있고, 이것이 생기면 저것이 생긴다. 즉, 무명無明에 의해 행行이 있고 행에 의해 식識이 있고, 식에 의해 명색名色이 있고 명색에 의해 육입六入이 있고, 육입에 의해 촉觸이 있고 촉觸에 의해 수受가 있고, 수에 의해 애愛가 있고 애에 의해 취取가 있고, 취에 의해 유有가 있고, 유에 의해 생生이 있고, 생에 의해 노사老死가 있으며 근심, 슬픔, 고통, 우울, 번민이 생긴다. 이 모든 괴로움의 생기生起는 이와 같다.

이와 같은 사유를 마친 세존께서는 심오한 뜻을 담아 노래하였다. 이를 요약하면 다음과 같다.

무명無明—행行—식識—명색名色—육입六入—촉觸—수受—애愛—취取—유有—생生—노사老死

부처님은 이 12연기의 법칙을 발견한 것은 깨달음의 결과로 얻은 진리라고 말씀하셨다. 이것이 '세계와 존재에 대한 불변의 진리'임을 강조하셨던 것이다. 그래서 경전『아함부』에는 '연기를 보는 자는 법을 보고 법을 보는 자는 연기를 보고, 연기를 보는 자는 부처를 본다'고 했다.

즉 연기법은 모든 존재하는 것은 서로 관계가 있고 공생하므로 매우 중요하다. 다시 말해, 이 세상의 모든 것은 매우 소중한 존재이며 하나도 버릴 것이 없다는 부처님의 귀중한 진리인 것이다.

1 2 연기

무명(無明)

불교에서 영원히 변하지 않는 진리라고 하는 고제(苦諦)·집제(集諦)·멸제(滅諦)·도제(道諦)의 근본의(根本義)에 통달하지 못한 마음의 상태. 현상계의 모든 사물이 무상(無常)·무아(無我)함을 모르고 갈애(渴愛)를 일으켜 윤회(輪廻)·상속(相續)의 원인이 되는 것을 말한다. 그러므로 무명은 가장 근본적인 번뇌(煩惱)이다.

행(行)

업(業)을 의미한다. 업이란 몸으로 짓는 신업(身業), 구업(口業), 의업(意業) 곧 삼업(三業)으로, 선한 마음으로 행하는 선업(善業)과 불순한 마음으로 행하는 불선업(不善業)이 있다.

식(識)

대상을 분별하는 마음의 작용을 나타낸다. 안식(眼識), 이식(耳識), 비식(鼻識), 설식(舌識), 신식(身識), 의식(意識)이 각각 있다. 식은 분별식이라고도 하는데, 이 식의 분별적 작용이 단계적으로 탐욕과 소유욕 및 살고자 하는 욕구를 일으켜 생로병사의 괴로움의 원인이 된다.

명색(名色)

명(名)은 심적인 것, 색(色)은 물질적인 것. 명이 모태(母胎)에 잉태(孕胎)하려는 순간의 자리가 식(識). 그 이후 태내에 있는 동안 육근(六根)이 뚜렷이 이루어지지 않은 상태.

육입(六入)

육근(六根 안이비설신의)과 육경(六境 색성향미촉법)을 육입(六入), 또는 육처(六處)라 함. 이 육근·육경을 합하여 십이입(十二入), 또는 십이처(十二處)라 한다.

촉(觸)

주관과 객관의 접촉 감각으로, 근(根)과 대상과 식(識)이 서로 접촉하여 생기는 감각이다.

수(受)

근(根)·경(境)·식(識)이 화합하여 생긴 고락(苦樂)으로 인한 감수작용(感受作用)이다. '수'에는 고수(苦受)·낙수(樂受)·불고불락수의 삼수가 있다. 때로는 수를 육체적·정신적인 두 방면으로 나누어 우(憂)·희(喜)·고(苦)·락(樂)·사(捨)의 5수로 나누기도 한다.

애(愛)

갈애(渴愛), 즉 맹목적인 애욕을 말한다.

취(取)

싫어하는 것을 버리고, 좋아하는 것을 취하는 취사선택의 행동으로 취착(取着)을 뜻한다.

유(有)

취착적 행위가 계속되고 선업과 악업이 축적되어 잠재력으로 자리 잡은 것을 말한다. 우리라는 존재는 과거의 행위 경험이 축적된 것이기 때문에 우리라는 존재 자체가 '유'이다. 그러므로 지금 나는 인격의 근본이 되어 미래를 결정하게 된다.

생(生)

현세와 내세의 생이라 할 수도 있으며, 시시각각으로 변화하여 새롭게 나타나는 모습이다.

노사(老死)

인간은 태어나면 반드시 늙고 죽게 마련인데, 이러한 자연적인 사실을 가리키기도 하지만, 그보다는 노사와 관련된 고통을 가리킨다. 즉 이 노사는 모든 인간고를 말한다.

부처님의
법(法)

부처님의 법을 한마디로 요약하면 열반으로 인도하는 진리이다. 그럼 열반이란 무엇인가? 불가에서는 이른바 번뇌가 소멸된 상태를 말한다. 그러나 불자들도 열반을 이룰 수 있다. 왜냐하면 '내가 할 바에 있어 최선을 다하는 것'도 열반이기 때문이다.

> 법은 세존에 의해 잘 설(說)해졌나이다. 이 법은 현실에서 밝혀진 것이며 머지않아 과보가 있는 것이며 와서 보라고 말할 수 있는 것이며 열반으로 잘 인도하는 것이며 또 지혜가 있는 이가 저마다 스스로 알 수 있는 것입니다.
> ―『잡아함경』제46. 1238경

부처님의 팔만사천 법문은 진리를 깨달을 수 있는 과정이 다 들어 있다. 곧 이를 깨달으면 누구나 성불을 할 수 있다. 그런데 이 팔만사천 법문은 어디에 있는가? 바로 우리가 살고 있는 주위에 있으며 부처님의 경전에 이미 다 설해져 있다. 여기에서 성불이란 즉 '깨달음과 열반'을 이루었다는 말이다.

불가에서는 이 진리의 말씀인 팔만사천 법문을 두고 법보法寶라고 한다. 법은 곧 진리요 진리가 곧 법이다. 따라서 우리가 '법을 깨닫는다'는 것은 팔만사천 법문을 다 꿰뚫었다는 뜻이며 '법을 본다'는 것은 깨달음을 실천에 옮기는 것을 말한다. 깨닫기만 하고 실천에 옮기지 않는 것은 죽은 법이다. 이것은 불교에서 가장 중요한 체험이다.

법의 원어는 산스크리트어로 '다르마dharma'라고 한다. 그 기원은 인도 고전인 『베다』이다. 베다시대의 법은 그 당시 인간계의 질서와 자연계의 법칙을 나타내는 용어였다. 팔리어 주석에 따르면 법은 '인因, 덕, 가르침, 사물'의 네 가지 뜻이 담겨 있었다.

따라서 '법의 내용을 말하는 진리 그 자체'와 '진리의 가르침' 그리고 '깨달음을 얻는 진리' 혹은 '부처님이 제자들에게 가르친 교법敎法'이 곧 '다르마'이다. 다시 말해 '진리와 교법'이 곧 '다르마'이다.

산스크리트어

고대 인도아리아어로, 인도 힌두교도들이 쓰는 문어文語이다. '준비된, 세련된, 순화된, 정제된'이라는 뜻을 갖고 있는 산스크리트어는 인도의 옛 언어로, 힌두교·불교·자이나교의 경전이 이 언어로 되어 있다. 한자 문화권에서는 범어梵語라고도 한다.

불교는 '다르마' 때문에 그 어떤 타 종교와도 확연히 구분되고 독자적이다. 법은 존재bhava, 즉 물物이며 존재하는 모든 것을 뜻하는데 이는 나중에 모든 존재는 제법과 연기에 의해 생겨난다는 의미로까지 발전하게 되었다. 그러므로 법이란 현상으로 인해 일어나는 모든 근원적 존재를 뜻한다. 세상의 모든 존재는 독자적으로 생겨난 것이 아니라 '이것이 있으므로 저것이 있다'는 제법 연기에 의해 태어난 것이다.

다시 한 번 부처님의 법을 간결하게 정리해 보면 이렇다.

첫째, 불법승佛法僧 삼보 중 법이란 부처님이 깨달으신 진리, 그리고 그 진리를 제자들에게 가르치신 교법이다.

둘째, 이 세상에 존재하는 모든 물物이 곧 법이다. 제법무아의 법, 연기에 의해 생겨난 모든 존재를 가리키는데 대승경전인 『금강경』에서는 법을 두고 '모든 법의 공空한 모양'이라고 말한다.

셋째, 모든 경전과 팔만사천 법문이 곧 법이다.

중도中道 사상

수행자들은 항상 두 극단을 피해야만 한다. 무엇이 두 극단인가? 하나는 욕망의 쾌락에 열중하는 것을 말하며, 이는 추하고 저속하며 어리석고 아무 도움이 되지 못한다. 또 하나는 자신을 괴롭히는 고행에 열중하는 것이다. 이 두 가지는 매우 고통스러운 것으로서 아무런 도움이 되지 못하는 것이다.

그러므로 수행자들이여. 여래는 이 두 극단을 버리고 바른 중도를 깨달았다. 이 바른 길이야말로 눈이며 지혜이다. 고요함과 바른 깨달음과 크나큰 열반에 이르는 것을 돕는다.

- 『잡아함경』 제12. 30장

부처님이 성도를 하신 후 바라나시 사슴 동산에서 다섯 비구에게 처음으로 설한 설법은 중도와 사성제이다. 이를 초전법륜이라고 한다. 일반적으로 중도의 의미는 어느 쪽으로도 치우치지 않는 것을 말하지만 불교의 중도는 어느 한쪽으로 치우치지 않는 진실한 도리, 고苦와 낙樂의 양쪽을 떠난 올바른 행법이다.

부처님이 자신의 설법을 듣기를 거부하는 다섯 수행자에게 가르치고자 하는 것은 수행의 바른길이었다. 사실, 그들은 일방적인 고행주의에 중독되어 두 극단으로 치닫고 있었다.

당시 인도사회는 매우 혼란스러웠다. 사상가들은 두 개로 나뉘어 있었는데 상주론常住論과 단멸론斷滅論이었다. 상주론은 인간의 생명은 끝없이 윤회한다는 것이고 단멸론은 단 한 번의 생으로 인생이 끝난다는 사상이다. 단멸론을 옹호하는 부류들은 오직 한 번의 생이기 때문에 인과를 부정하고 오직 현실에만 집착, 쾌락에 빠졌으며 상주론은 고정불변의 개별아인 아트만의 끊임없는 윤회를 인정하고 있었다. 이 두 개의 사상은 부처님의 사상과는 대치되고 있었다. 그런 그들에게 부처님의 가르침은 쉽게 이해하기가 힘들었다.

부처님은 '사문유관'을 보고 안락이 보장된 왕자의 직을 떠나 수행자가 되기 위해 고행을 했다. 그러다가 만난 다섯 비구들이 오직 고행주의에만 빠져 자신들의 몸을 혹사하는 것을 보고 그 순간 부처님은 바른 깨달음의 길이 아님을 알고 그들의 곁을 떠났다. 그후 6년간의 고행 끝에 성도한 부처님은 첫 설법을 "고타마가 타락했다"고 비난한 다섯 비구에게 했던 것이다. 이것은 매우 중요한 하나의 사건이다. 부처님을 비난했던 다섯 비구에게 진정한 깨달음의 길이 무엇인가를 가르쳐 주어 마침내 그들이 깨달음의 길로 가게 만들었던 것이다. 이로 인해 부처님 자신도 설법의 중요한 가치를 깨달았다는 사실이다. 중도와 사성제 그리고 연기의 가르침인 초전법륜은 놀라운 결과를 얻어 내었던 것이다.

부처님은 그뿐만 아니라 연기를 통해 '연기중도'를 설법했다. 양극단을 떠나 조화로운 관계를 형성하는 것이 곧 중도이며 나와 너라는 고집을 버리는 것이 곧 조화로운 관계이다. 이것은 서로가 상호 연결이 되는 연기 관계에 놓여 있음을 뜻한다. 연기가 있어야만 중도가 성립되는 것과 마찬가지로 사성제도 연기인 인과의 법칙에 전적으로 의존한다. 중도와 연기, 사성제는 다른 것이 아니라 하나의 근본구조로 연결되어 있다는 것이다.

이 중도의 가르침은 세 가지로 구분할 수 있는데 '고락중도苦樂中道·단상중도斷常中道·유무중도有無中道'이다. 고락과 쾌락의 두 극단, 단멸과 상주의 두 극단, 있고 없음의 두 극단을 떠나는 것이 바로 중도인 것이다. 당시 이 세 가지는 인도의 혼란스러운 세상을 대변했는데 이를 부처님은 명쾌하게 '중도사상'으로 압축했다.

그럼, 수행자는 어떻게 중도를 실천할 것인가. 한 사람이 백白을 주장하고 다른 한 사람이 흑黑을 주장했다고 하자. 그럼 그 중간인 회색론을 펴는 것이 중도인가. 그게 아니라 중도란 잘못된 것을 떠나 옳은 것을 실천하는 것을 뜻한다. 부처님은 다섯 수행자들에게 상주론과 단멸론의 두 극단을 피해 옳은 수행이 무엇인가를 중도사상을 통해 들려 주었던 것이다.

  부처님은 다섯 비구들이 물었던 내세나 영혼 같은 형이상학적 질문에는 답을 하지 않았다. 이를 무기無記라고 하는데 부처님은 삿된 소견이나 의혹만 더해질 것을 염려한 나머지 대답을 하지 않았다. '내세와 영혼 또한 연기와 중도의 관점'에서 바라보아야만 그 진실을 볼 수 있다고 생각하셨다.

  그러므로 부처님의 중도사상은 이것도 아니고 저것도 아닌 중간을 뜻하는 것이 아니라 착함으로써 악을 제도하여 본래 청정하였던 선도 악도 없었던 본래 자리로 되돌아가는 수행법을 말한다.

삼법인
三法印

삼법인은 불교의 세 가지 근본 교의敎義이다. 여기에서 인印은 일정 불변하는 진리를 가리키는 표식이다. 부처님의 가르침은 언제나 인(도장)처럼 변함이 없고 언제 어디서나 똑같다는 뜻이 담겨 있다.

  삼법인은 인연법을 근간으로 세 가지로 나눈 것인데 모든 것은 변한다는 '제행무상諸行無常', 변하는 모든 것에는 실체가 없다는 '제법무아諸法無我', 변하는 모든 것은 괴로움을 낳는다는 '일체개고一切皆苦', 모든 괴로움을 없앤 '열반적정涅槃寂靜'이다. 일체개고를 넣을 때도 있고 뺄 때도 있다. 제행이 무상이요, 제법이 무아이니 일체가 개고하고 열반은 적정하다는 말이다.

첫째, '제행무상'은 모든 물物과 심心은 끊임없이 태어나고 변화하는데도 불구하고, 사람들이 불변하고 항상 존재하는 것처럼 생각하는 그릇된 견해를 없애 주기 위해 무상無常을 강조한 인이다. 쉽게 말해서, 인생은 덧없는 것이며 우리가 거처하는 우주만물은 항상 돌고 변하여 잠시도 한 모양으로 머무르지 않는다는 뜻이다.

사람들은 대개 자신이 오래 살 것으로 착각한다. 부자는 영원히 자신이 부자일 것으로 생각하고 가난한 사람은 자신의 처지를 비관한다. 그러나 모든 것은 변한다. 가난한 사람도 노력하면 부자가 될 수 있고 부자는 현재의 자신에 안주하다 보면 몰락할 수도 있다. '모든 것은 영원하지 않다'는 진리를 부처님은 강조하셨던 것이다. 이러한 세상의 진리를 깨닫게 되면 자연스럽게 사람은 바른길로 나아갈 수가 있다.

둘째, '제법무아'는 우주만유의 모든 법은 인연으로 생긴 것이어서 자아의 근본 실체가 없는데도, 사람들이 자아에 집착하는 그릇된 견해를 없애 주기 위해 무아無我를 강조한 인이다. 무아란 텅 비어 있다는 뜻이다. 이 제법무아는 항상 제행무상과 연관되는데 나라는 아我에 적용될 때 깨닫게 되는 경지이다.

만남과 헤어짐은 인연에 따라 생기고 그 인연이 다하게 되면 사라진다는 논리이다. 즉 세상의 모든 것은 고정된 실체가 없기 때문에 '나'라는 존재 또한 무수한 인연의 작용에 의해 생겨난 것이라는 말이다. 이 무아의 가르침은 나라는 존재가 가진 아집과 사고가 단지 허망한 것임을 깨닫고 이를 타파하면 어리석은 탐욕과 소유욕을 버리게 되고 마침내 인연으로 형성된 존재의 실상을 깨칠 수 있다는 것이다. '너'와 '나'가 아니라 '너'와 '나'가 더불어 살아가는 만유의 이치를 깨닫게 되면, 실로 이 세상은 평화롭게 된다.

셋째, '일체개고'는 사람이 무상과 무아를 깨닫지 못하고 영생에 집착하여 온갖 고통에 빠져 있다는 뜻이다. 변하기 때문에 괴로움이 있다. 원래 '일체법'은 그 자체가 무상, 무아이며 괴로움이다. 생은 희로애락과 괴로움이 있는데도 불구하고 부처님은 왜 태어난다는 그 자체가 괴로움이라고 하셨을까? 기쁨과 즐거움은 일시적인 것일 뿐, 영원하지 않은데도 불구하고 영원하다고 믿는 그 집착으로 인해 고통이 생기기 때문이다.

사람은 언제나 자기중심적으로 생각하려는 나쁜 습성을 가지고 있다. 어떻게 하든 자신의 기쁨과 즐거움을 지속하려고 애를 쓰지만, 자신의 욕망을 이루는 것이 불가능하다는 것을 깨닫는 순간 스스로 괴로움에 빠지고 만다. 그럼 어떻게 해야만 이러한 고통 속에서 벗어날 수 있을까? 죽음에 대한 두려움을 극복하고 열반을 얻기 위해 노력해야 한다.

넷째, '열반적정'은 생사의 윤회에서 벗어난 이상의 경지인 '열반

해탈'의 진상을 강조한 인이다. 무상과 무아, 일체개고를 알고 나면 생사윤회의 흐름을 끊게 하는 것이 열반해탈임을 알게 된다.

『잡아함경』에 보면 '모든 행은 무상하고 모든 법은 무아요, 열반은 적정하다'고 되어 있다. 또 '괴로움을 벗어나 열반으로 가는 길, 열반은 생사의 괴로움에서 벗어난 상태, 사성제의 고집멸도 중 집착을 멸한 상태, 욕망의 불길이 사라지고 번뇌와 괴로움을 벗어난 열반의 이상적인 상태'를 '열반적정'이라고 표현하고 있다. 바람이 불꽃을 끄듯 번뇌의 불이 깨달음으로 인해 소멸되어 고뇌가 사라진 상태를 말한다. 영원의 평화, 절대의 편안함이 바로 '열반적정'인 것이다. 욕망과 탐욕이 존재하는 한, 수행자는 아무리 노력하여도 열반에 도달할 수 없음을 깨닫게 하는 부처님의 경책이다.

인생이 덧없고 재물과 명예가 한갓 재에 지나지 않고, 태어남이 고통임을 알게 되어 욕망의 불을 끄게 되면, 비로소 이 세상을 제대로 볼 수 있게 되어 바른길을 갈 수 있다는 부처님의 위대한 가르침이 바로 삼법인이다.

윤회와 업

윤회는 범어 삼사라samsara의 번역으로서 승사락僧娑洛이라 음역하고, 윤회輪廻라고도 쓴다. 또 생사라고 번역하고 생사윤회, 윤회전생이라고도 하는데 마치 수레바퀴가 굴러서 끝이 없는 것과 같이, 중생이 번뇌와 업에 따라서 삼계육도 생사의 세계를 거듭하면서 돌고 돌아 그치지 않는 것을 말한다.

업력에 의해 윤회하는 세계에는 지옥, 아귀, 축생, 아수라, 인간, 천으로서 유전이 업력에 이끌려 생사 윤회하는 세계인 육도六道가 있으며, 태어나는 형태로서는 유정이 자신의 업력에 따라 태어나는 형태로서 난생, 태생, 습생, 화생의 사생四生이 있으며 생존의 형태로서 유정이 태어나는 순간을 생유, 그로부터 죽음까지의 사이를 본유, 죽음의 순간을 사유, 사유로부터 다음 생유까지를 중유라고 한다. 육도 가운데 어느 세계에 어떤 모습으로 태어나느냐 하는 것은 전적으로 우리들 자신의 행위와 그 행위의 결과인 총체적인 업에 결정된다. 선업에 의하여 선의 세계에, 악업에 의하여 악의 세계에 태어나는 것이 사유四有이다.

업이란 범어 가르마Karma의 번역으로서 갈마라고 음역한다. 일반적인 개념으로 업은 먼저 행위行爲, 조작造作, 작용, 소작所作 등을 뜻하는데, 인과因果의 법칙은 어김없기 때문에, 모든 업은 과보果報를 낳게 된다.

『대비바사론』에서는 업을 다음과 같이 세 가지로 그 의미를 분류 설명한다.

왜 업이라고 이름 합니까? 업에는 어떠한 뜻이 있습니까? 세 가지 뜻으로 말미암아 업이라고 이름 한다. 첫째 작용하기 때문이며, 둘째 법식을 지니기 때문이며, 셋째 과를 분별하기 때문이니라.

선업善業에는 낙과樂果가, 악업에는 고과苦果가 따르는 이치를 밝히는 것이 업 사상의 구조이다. 선업을 지으면 선한 과보를 받게 되며, 악업을 짓게 되면 악의 과보를 받는다는 것을 경험적으로 아는 것이다.

우리는 경험적으로 똑같은 씨앗을 뿌렸다고 하더라도 똑같은 양과 질의 수확을 얻을 수 없다는 것을 아는 것처럼 업에 따르는 과보도 유사하여 동일한 업을 지었어도 그 업을 누구에게 지었는가에 따라서 과보는 다르게 나타날 수가 있다. 똑같은 밥 한 덩이를 짐승에게 주었을 때와 사람에게 주었을 때의 과보는 다르다고 경전에서는 말한다.

삼업(三業)

업을 세 가지로 나눈 것으로서 그 내용은 분류 기준에 따라 다양한 조합이 가능하다. 몸으로 짓는 신업, 입, 즉 말로써 짓는 구업, 뜻 즉 생각으로써 짓는 의업 등 세 가지 업을 말한다. 삼업은 다시 십악법과 십선법으로 나눌 수 있다.

십악업(十惡業)
몸으로 세 가지의, 가르침이 아닌 것에 따라 잘못된 길을 가는 것과 말로 네 가지의, 가르침이 아닌 것에 따라 잘못된 길을 가는 것, 생각으로 세 가지의, 가르침이 아닌 것에 따라 잘못된 길을 가는 것.

1 신업(身業)

몸으로 세 가지의, 가르침이 아닌 것에 따라 잘못된 길을 가는 것

① 살생(殺生): 살아 있는 생명을 죽이는 일.

② 투도(偸盜): 남의 물건을 뺏거나 도적질하는 일.

③ 사음(邪淫): 이미 혼인을 한 사람, 법의 보호를 받는 미성년자와 사랑을 나누는 일. 정신적인 것도 사음이다.

2 구업(口業)

말로써 네 가지의, 가르침이 아닌 것에 따라 잘못된 길을 가는 것

④ 망어(妄語): 거짓말을 하는 것

⑤ 양설(兩舌): 이간질을 하는 것

⑥ 악구(惡口): 욕설을 하는 것, 거칠고 난폭한 말, 다른 사람을 분노하게 하거나 자신에게 분노하는 것

⑦ 기어(綺語): 꾸며내는 말, 근거나 이치에 맞지 않고, 무절제하고, 유익하지 않은 말.

3 **의업(意業)**
생각으로 세 가지의, 가르침이 아닌 것에 따라 잘못된 길을 가는 것
⑧ 탐욕(貪慾): 남의 것을 탐하는 것.
⑨ 진에(瞋恚): 분노하는 마음을 지니는 것
⑩ 사견(邪見): 잘못된 견해를 가지는 것.

  십악업을 행하게 되면 자신의 몸이 상하게 되고 죽은 뒤에 괴로운 곳, 나쁜 곳, 타락한 곳, 지옥에 태어난다. 십선업十善業은 십악업을 행하지 않는 것이라 할 수 있다.

업인(業因) 업과(業果)

업이 원인으로 작용할 때는 업과를 받게 되는데, 선, 악업에 상응하는 고락의 갚음을 받는다. 만약 업이 현재에 있을 때는 이것이 원인이 되어 미래에 어떤 과보를 받을 것인가가 결정되는데 이를 취과取果라 하고, 업이 지나감으로부터 결과에 영향을 미치어 결과를 현재에 나타나게 하는데 이를 업과라 한다.

업도(業道)

업이 작용할 곳, 또는 의지할 곳이 되며, 유정을 고락의 과보로 인도하는 통로가 되는 것을 업도라 하는데, 여기에 십선업도와 십악업도가 있다. 일단 지어진 업은 "오곡의 종자를 심어 제각기 그 열매를 거두는 것"과 같이 그 과보를 피할 수가 없다. 이러한 과보의 피할 수 없음을 『법구경』에서는 이렇게 말한다.

하늘 위도 아니요, 바다 속도 아니며,
산속의 동굴도 아니요, 그 어느 곳도 아니다.
악행의 결과를 피할 곳은
이 세상 그 어디에도 없다.

한번 지어진 업도 이와 같아서 끝내 멸하지 않으면 그 과보를 받는 것도 그 업을 지은 그 자신인 것이다.

이렇듯 업은 업과를 초래하는데 이를 업력業力이라 한다. 그리고 악업 때문에 생기는 장애 또는 장해를 업장이라 하며, 숙업宿業에 의하여 벗어 버릴 수 없는 중한 병을 업병業病이라고도 한다.

『삼세인과경』에서도 우리 몸에 생긴 병의 원인들을 정확하게 안다면 자신의 잘못을 뉘우치고 참회함으로써 병으로부터 자유로워질 수 있다고 한다.(97페이지 참조)

이외에도 상대를 이해하지 못하고 용서하지 못하면 눈병이 생기게 되고, 남을 속이게 되면 장님의 과보를 받는다. 형제간에 등져서 원수가 되면 다음 생에 벙어리의 과보를 받게 되며, 부모의 마음을 심하게 아프게 하면 소아마비를 앓는 과보를 받게 된다.

 이 몸에 생기는 모든 병도 결국은 자신이 현생이나 전생에 행한 행위에 대한 결과인 것이다. 모든 것을 겸허하게 받아들이고 진정으로 참회하여 집착에서 벗어난다면 있던 병도 나을 것이며 앞으로 생길 병도 뿌리째 말라 생기지 않을 것이다.

삼세인과경

1. 머리에 생기는 병은 진리를 추구하는 수행자를 비방하였거나 가정에서 부모, 남편, 아내를 공경하지 않았거나 직장에서 상사를 공경하지 않았으면 머리에 고통을 받으며 몇 생을 그렇게 하면 암이 된다.

2. 목에 생기는 병은 자기의 성품대로 자기가 하고 싶은 대로 하면서 상대방의 입장은 생각하지도 않고 자신의 생각에 맞지 않으면 소리를 지르고 화를 내거나 하는 것 등이 쌓이면 목에 고통이 오고 매사가 뜻대로 되지 않으며 몇 생을 그렇게 하면 암이 된다.

3. 가슴(폐)에 생기는 병은 생활에 일어나는 사소한 것에도 짜증을 내며 다른 사람을 원망하고 싫어하는 마음이 쌓이면 가슴에 고통이 오고 몇 생을 그렇게 하면 암이 된다.

4. 위장이나 대장에 생기는 병은 성격이 원만하지 못하여 여러 사람들과 여러 생각들을 잘 받아들이지 못해 마음이 항상 불편하거나, 자신에게 닥친 고통스러운 일을 잊지 못하게 된다. 그러면 위장에 고통이 오게 되며 몇 생을 그렇게 하면 암이 된다.

5. 자궁에 생기는 병은 부모, 형제, 남편, 아내 등 주위가 못마땅하고 불편한 것이 마음에 쌓이면 자궁에 고통이 오고, 몇 생을 그렇게 하면 암이 된다.

6. 심장에 생기는 병은 부모, 형제, 남편, 아내 등 주위가 못마땅하고 불편하여 항상 원망하며 짜증내고 싫어하는 마음이 오래 가면 심장병이 생기게 된다.

7. 간에 생기는 병은 돈에 대한 욕심 때문이다. 아무리 돈이 많아도 항상 부족한 것 같으며 돈이 아까워 꼭 써야 할 때도 쓰지 못하게 되고, 쌓이면 간에 고통이 오고 몇 생을 그렇게 하면 암이 된다.

8. 신장에 생기는 병은 콩이나 팥 가리듯이 모든 사람들과 상황들을 자기 마음대로 판단하여 자기만 옳다고 주장함으로써 다

른 사람에게 고통을 주게 되고, 그러다 보면 신장에 병이 생기게 되고 몇 생을 그렇게 하면 암이 된다.

9. 항문에 생기는 병은 그런 줄 알면서도 이기려고 자신의 주장을 굽히지 않고 상대를 무시하면 치질과 같은 병이 생기게 된다.

10. 피부에 생기는 병은 상대방의 고통을 예사로 생각하며 상대방이야 어떻게 되더라도 나만 잘 되고 돈만 벌면 된다는 생각이 쌓이면 피부에 병이 생기게 되고 몇 생을 그렇게 하면 암이 된다.

인과설
因果說

 불교에서는 인간이 하는 일거수일투족의 좋은 일이거나 좋지 않은 일이거나 모두를 업業이라고 한다. 선善한 일을 하면 선업善業이요 악惡한 일을 하면 악업惡業이다. 즉 '선인선과 악인악과善因善果 惡因惡果'이다. 그러므로 자신이 행한 업의 결과는 그에 상응한 과보인 '인과응보因果應報'가 반드시 따른다.

 만물의 이치는 '콩 심은 데 콩 나고 팥 심은 데 팥 난다'이다. 콩 심은 데 팥이 나지 않고 팥 심은 데 콩이 절대 나지 않는다. 이것이 바로 인과설이다. 이와 같이 부처님이 말씀하신 인과의 법칙은 '원인이 있으면 반드시 결과가 따른다'는 데에 있다. 이것이 있으므로 저것이 있는 것이다.

 부처님의 인과설의 중요한 요점은 '자신의 운명은 절대자의 섭리나 정해진 것이 아니라 모든 것이 자신의 의지와 행동에 따라 성립한다'는 데에 있다. 비록, 좋지 않은 환경을 가지고 있더라도 자신의 의지와 행동에 따라 운명을 스스로 개척할 수 있으며 그리고 그 삶의 결과는 그 누구도 아닌 바로 자신의 책임에 달려 있다. 그러므로 운명이란 없으며 오직 자신만이 자신의 행복을 결정한다.

 그런데 살다가 보면 우리는 자신의 의지와 상관없이 일이 잘 되지 않을 때가 있다. 이 또한 부처님은 모두 자신의 과거의 업에 따른 과보라고 말씀하셨다. 이를 자신의 것으로 받아들이고 운명을 스스로 개척하지 않으면 안 된다.

우리 주위에 보면, 저 사람은 늘 나쁜 짓만 하고 다니는데도 당장 그 죗값을 받지 않고 오히려 잘사는 것을 많이 본다. 그러나 그 악업의 과보는 반드시 받게 된다.『삼세인과경』에 보면 '전생의 일을 알고 싶으면 금생에 내가 받고 있는 것이 그것이다. 내생의 과보를 알고 싶으면 금생에 내가 하고 있는 것이 그것이다'라고 되어 있다.

사람이 스스로 악업을 짓는 이유는 어리석음 즉 미혹迷惑 때문이다. 물질과 명예에 홀린 듯이 집착하게 되면 곧 번뇌가 생기게 되고 이때 사리판단이 흐트러져 자신도 모르게 악업을 짓게 되고 이로 인해 과보를 받게 되는 것이다. 다시 말해 혹惑으로 인해 업業이 생기게 되고 결국 고苦를 받게 된다. 이것이 삼도三道이다.

이와 반대로 언제나 세상을 선하게 살면서 진리를 찾아 행동하는 사람은 선업善業을 낳게 되고 선한 과보를 얻게 된다. 즉 보리심을 증득하게 되어 진리와 깨달음을 스스로 찾게 된다. 그러므로 선업을 많이 쌓은 사람은 항상 걸림이 없이 자유로우며 어떤 행동을 하더라도 장애가 없다.

보시
布施

보시란 몸과 마음으로 정성을 다하여 남을 이롭게 하거나 베푸는 것을 의미한다. 참된 보시는 무조건 베푸는 데에 있는 게 아니라 자신의 생활에 알맞게 실천하는 데에 있다. 즉 '주어서 고맙고 받아서 기쁜' 마음이다.

부처님은 항상 네 가지 보시로 복을 지으라고 말씀하셨다.

첫째, 굶주린 중생에게 음식을 공양하여 목숨을 잇게 하라. 둘째, 병들고 고통받는 중생이 있으면 보살펴서 그를 편안하게 공양하라. 셋째, 가난하고 고독한 사람이 있으면 그들을 보호하고 함께 공양하라. 넷째, 청정하게 수행하는 이가 있으면 옷과 음식을 공양하라.

이 네 가지를 공양하는 것은 부처님께 공양하는 것과 같느니라.

또 『금강경』에 보면 "항하의 모래와 같이 많은 칠보를 가지고 보시하더라도, 어떤 사람이 이 『금강경』의 사구게 한 구절만을 외운 공덕에 비기지 못한다"는 구절이 있다. 참된 보시는 물건이 많고 적음에 있는 것이 아니라 지극한 마음에서 우러나와 아무런 조건 없이 보시할 때 한량없는 공덕이 있다는 부처님의 말씀이다.

보시의 종류에는 재물을 베푸는 재시財施, 부처님의 교법진리를 전하는 법시法施, 남을 해치지 않으며 두려워하는 마음이 없게 해주는 무외시無畏施 등이 있다. 보시는 '유주상보시有住相布施'와 '무주상보시無住相布施'로 크게 나눌 수 있다. '유주상보시'는 문자 그대로

상에 머무는 보시이다. 상相이란 '나다'라는 것을 드러내는 것이다. 즉 보시를 해도 무언가를 바라거나 자신을 드러내는 행위이다. 제 것도 아닌 것을 가지고 생색을 내는 유주상보시는 공덕은커녕 악업이 될 수도 있다.

  이와 반대로 무주상보시는 '대가를 바라지 않는 베풂'이다. 어머니가 아기에게 젖을 줄 때 어떤 대가를 바라지 않는 것과 같다. 이것은 무소유의 가치관에 그 기반을 둔다. 이 세상에 본래 내 것이란 없다. 그런데도 베풀 것이 있다면 이것은 이미 내 것이 아니다. 보시는 탐욕의 죄업을 소멸하게 해 주는 것이므로 무주상보시의 공덕은 한량없다.

제5장

불교입문

자기 자신을 찾는 법

어느 날 부처님께서 숲속에 있는 한 나무 아래에서 좌선을 하고 계셨다. 이때 젊은이들이 숲속에서 여기저기 무엇인가를 찾아다니고 있었다. 나무 아래 조용히 앉아 있는 부처님을 보고 그들이 다급하게 물었다.

"한 여자가 도망가는 것을 보지 못했습니까?"

사연인즉 그들은 이 근처에 사는 지체 높은 집안의 자제들인데 오십 명이 저마다 자기 아내를 데리고 숲에 놀이를 왔었다.

그 가운데 미혼인 한 사람만이 기생을 데리고 왔었는데 모두 노는 데만 정신이 팔려 있는 동안 기생은 여러 사람의 옷과 값진 물건을 가지고 달아나 버렸다. 그래서 그 여인을 찾고 있는 중이라고 했다.

이와 같은 사정을 듣고 부처님은 그들에게 물으셨다.

"젊은이들이여, 달아난 여인을 찾는 것과 자기 자신을 찾는 것 중에 어느 것이 더 중요한가?" 놀이에만 팔려 자기 자신을 잊어버리고 여인을 찾아 헤매던 그들은 부처님의 말씀을 듣고 제정신으로 돌아왔다.

"자기 자신을 찾는 일이 더 중요합니다."

"그럼, 다들 거기 앉아라. 내가 이제 그대들을 위해 자기 자신을 찾는 법을 가르쳐 주겠다."

이리하여 그 젊은이들은 부처님의 말씀을 듣고 기뻐하며 모두 부처님 제자가 되었다.『사분율 제 32권』

종교의 개념

인간이 종교를 믿는 것은 행복을 추구하기 위해서다. 종교란 신이나 절대자를 스스로 인정하여 일정한 양식하에 그들을 믿고 숭배함으로써 마음의 평안과 행복을 얻고자 하는 정신에 있다.

불교는 석가모니 부처님의 교법으로 우리 인간이 행복을 추구하는 종교이다. 부처님께서는 2,500여 년 전에 우리 인간이 가진 생로병사의 고통을 해결하기 위하여 설산에서 6년 동안 치열하게 수도를 한 결과 깨우쳤다.

그럼, 부처님이 깨우친 것은 무엇인가? 생사生死가 둘이 아닌 하나이며 '색즉시공 공즉시색 불구부정 부증불감色卽是空 空卽是色 不垢不淨 不增不減'이라는 참된 진리로 모든 고통에서 벗어나 행복할 수 있다는 진리를 깨우쳤다.

'색즉시공 공즉시색'이란 '모든 유형의 사물은 공허한 것이며 공허한 것은 유형의 사물과 다르지 않다'는 진리를 뜻하며 '불구부정 부증불감'은 '더럽거나 깨끗한 구분도 없으며 늘지도 줄지도 않는다'는 뜻이다.

우리 불자들이 불교를 믿고 부처님의 가르침을 따르는 것은 마음의 행복을 구하기 위해서이다. 수천 년 전부터 인류의 철학자들은 다양한 수행 방법을 찾아 마음의 평안과 행복을 위해 시행해 왔는데 이런 연유로 인해 탄생한 것이 바로 갖가지 종교들이다. 그래서 그 시행방법도 다양하다.

그중에서도 가장 으뜸인 것이 부처님이 말씀하신 진리이다. 생사가 둘이 아닌 하나이며 세상의 모든 물질이 '색즉시공 공즉시색 불구부정 부증불감'의 원리로 이루어져 있으며 또한 과거, 현재, 미래로 이어지고 있으며 우리 인간의 모든 행行은 업이 되어 인과응보의 이치를 낳는다는 것을 알게 했다. 이것이 바로 '이것이 있으므로 저것이 있다'라는 인과설因果說이다.

석가모니 부처님은 인간으로서 이 사바세계에 태어나 우리 인간들의 고통을 직접 느껴 보시고 그 고통의 해결 방법을 실질적으로 제시하신 분이다. 이 같은 분을 믿고 따르고 실천 수행하는 것이 바로 불교인 것이다.

따라서 신을 존재로 믿는 타 종교와는 그 탄생의 비밀이 근본적으로 확연히 다르다고 할 수 있다. 타 종교는 인간과 자연의 탄생이 모두 신의 조화에 의해 좌지우지된다는 상상도 할 수 없는 허구성을 바탕으로 하고 있다. 하지만 불교는 인간이 만든 종교라는 점에서 확연히 다르다.

우리는 부처님의 위대한 진리와 말씀을 차례차례 배워야만 한다. 그러기 위해서 필요한 것이 참된 불교 교육이다. 불교라는 종교는 우리가 가진 괴롭고 즐거운 것 등을 해결하기 위한 것이라 할 수 있는데 우리가 불교를 믿고 따라야만 몸과 마음에 행복을 얻을 수가 있다. 그러므로 불교입문부터 몸과 마음이 흐트러지지 않도록 바른 불교 기초교육이 필요하다. 그래야만 불교를 올바르게 수행 실천할 수가 있다.

불자의 자세

불교에 입문할 때는 먼저 몸을 정갈하게 하고 마음을 깨끗하게 해야 한다. 절에서 받은 예절교육을 잘 습득하고 그대로 실천하는 것이 매우 중요하다. 그러기 위해 반드시 가지고 실천해야 할 몇 가지의 기본자세를 일러 주고자 한다.

첫째, 나의 몸과 마음에 부정不正한 것이 없는지 잘 생각하여 평소 자신의 행동에 부정한 것이 근접하지 않도록 매사에 몸과 마음을 잘 다스려야 한다. 일반적으로 몸과 마음이 부정하면 그 어떤 일도 제대로 성사가 되지 않는다. 부처님께 참배하기 위해 사찰에 갈 때는 좋은 마음으로 깨끗하게 목욕을 재계하고 사치스럽지 않은 단정한 옷차림을 하여 몸과 마음이 흐트러지지 않게 해야 한다. 사찰에 들어서면 안내자의 지시에 따라 부처님께 참배를 해야 한다.

둘째, 법당이나 각종 전각에 참배를 할 때는 신도들이 출입할 수 있는 문이 정해져 있으므로 반드시 이곳으로 들어가야 하며 스님들이 출입하는 문은 절대로 사용하지 말아야 한다. 부처님이 앉아 있는 곳에서 정면은 어간이라 하는데 되도록 이곳을 피해 참배를 하는 것이 좋다. 참배를 할 때는 오체투지 등 여러 가지 절 방법 등이 있으나 절에서 배운 교육에 따라 참배해야 한다. 참배 중에는 어떤 행동도 금지해야 하며 소리 나지 않게 해야 한다.

셋째, 법당에 들어가 불을 지펴 향을 사르고 쌀, 꽃, 과일 등 공양물을 올릴 때에도 몸과 마음을 가지런하게 하고 참배 중인 사람들에게 방해가 되지 않도록 해야 한다.

　넷째, 절에서 스님을 만날 때는 가볍게 합장 반배를 하여야 하며 신도들 간에도 합장 반배를 하는 게 좋다.

　불자의 기본자세는 절에서 받는 철저한 교육을 통해 몸에 습득해야 한다.

수행과 기도

인간은 누구든지 행복하기를 원하고 자유로워지기를 원한다. 불교는 이러한 행복과 자유를 누리고 해탈에 이르는 길을 제시하고 있는 종교이다. 그렇다면 우리는 어떻게 살아야 행복과 해탈을 누릴 수 있을까? 그것은 자신이 가진 마음을 잘 다스려 아무것에도 걸림이 없는 삶을 누리는 데 있다. 그러기 위해서는 우선 업을 짓지 않고 과거의 업장을 소멸하고 윤회의 사슬을 끊어 내어 비로소 자유를 스스로 얻어야만 한다.

　이를 위해 요구되는 것이 수행과 기도이다. 그러나 수행과 기도는 남이 대신 해 줄 수 없다. 수행은 오직 자신의 힘으로 몸과 마음, 지혜를 닦는 것을 말하며 기도는 부처님의 가피를 얻어 윤회의 사슬을 끊고 깨달음에 이를 수가 있게 하는 것이다. 여기에서 수행은 자력이며 기도는 부처님의 가피를 얻는 타력이라 할 수 있다.

　기도란 부처님을 향하여 자기에게 부족한 것을 갈구하여 몸과 마음으로 지성을 올리는 것을 말한다. 다시 말해 자신에게 닥치거나 다가올 재앙을 없애고 복을 얻도록 부처님께 비는 것이라고 할 수 있다.

　그러나 여기에서 우리가 반드시 알아야 하는 상황이 있다. 불교에서의 기도는 무언가가 이루어지기를 무작정 부처님께 바라는 것이 아니라 그 무언가를 이룰 수 있도록 자신이 스스로 어떻게 하겠다는 다짐이라는 것이다. 즉 열심히 기도를 하고 나면 내 자신의 다짐이 부처님의 가피력을 얻어 보다 튼튼하게 굳세게 되어 어떤 어려움에도 쉽게 좌절하지 않는 경지에 이르게 한다는 것이다. 이것이 바로 기도의 힘이다.

　수행이든 기도이든 가장 중요한 사항은 바로 '마음집중'이다. '마음집중'이 없다면 끊임없는 번뇌 망상에 휘둘리게 되고 결국에는 아무런 목적도 달성하지 못하게 된다. 그러므로 기도는 '마음집중'을 다해 기도삼매三昧에 들어야 한다. 삼매에 들어 지혜를 얻는 방법으로는 간경, 사경, 염불, 진언, 절, 정근, 참회를 통한 수행과 기도 및 수식관, 부정관, 자비관, 간화선 등 여러 가지의 참선법이 있다.

간경(看經)

간경은 부처님이 설한 경전을 수지 독송하여 내용을 내 것으로 흡수

하는 것을 말한다. 경전을 읽으며 마음을 밝히는 것을 '피경조심披經照心'이라 하는데 '경전을 펴서 마음을 본다'라는 뜻이다. 이렇게 되면 부처님의 가르침이 마음속에 체득되고 오래 간직되어 바른 행동을 하게 된다. 그러므로 간경을 통해 외운 구절은 잘 잊어버리지 않는다.

사경(寫經)

경전經典의 내용을 그대로 필사筆寫하는 수행방법이다. 처음에는 경전의 내용을 배우거나 널리 전파하거나 보존하는 등의 현실적인 목적에서 시작되었을 것이나 뒤에는 그 공덕을 중요시하게 되었다.

염불

부처의 상호를 마음으로 관찰觀察·관상觀想하면서 그 공덕을 입으로 읊는 것을 말한다. 부처의 이름을 부르는 것도 모두 염불이라 할 수 있는데, 비로자나불毘盧遮那佛·미륵존불彌勒尊佛 등 열 부처의 이름을 부르는 십념十念이라는 것이 있다. 십념은 부처의 이름을 열 번 부르는 것을 뜻하기도 한다. 대개 아미타불의 서원誓願에 따라 이름을 부르면 서방西方의 극락정토極樂淨土에 왕생往生하게 된다는 정토신앙

淨土信仰에서 비롯된 수행이다. 염불을 통하여 삼매의 경지에 몰입하는 염불삼매는 불교수행의 한 방법으로 많이 행해지고 있다.

진언(주력)

부처님의 깨달음이나 서원誓願을 나타내는 말을 뜻하는데, 진실하고 거짓없는 기원이다. 많이 외우면 재액이 물러가고 공덕이 쌓이며 번뇌를 멸할 수 있다. 또한 지혜를 뜻하는 명明, 선善을 일으키고 악惡을 물리칠 수 있다. 짧은 주呪를 진언, 긴 주를 다라니陀羅尼라고도 한다.

절

본디 절은 '예禮'를 갖추는 수단으로 인간이 취할 수 있는 가장 겸손한 자세이다. 그러나 불교에서의 절은 자신을 낮춤으로써 마음의 평화와 해탈을 얻고자 하는 구도자들이 몸과 마음을 단련하기 위해 선택한 오랜 수행법이다. 매일 108배를 하면 머리가 맑아져 스트레스가 사라진다. 또한 자연스럽게 단전호흡이 되므로 건강증진에도 매우 좋다.

정근

선법善法을 더욱 자라게 하고 악법惡法을 멀리하려고 부지런히 닦는 수행법. 정근에는 지장정근, 관음정근 등이 있다.

참회(懺悔)

참회는 스스로 잘못을 범한 죄를 뉘우치고 용서를 비는 것이다. 몸과 입과 뜻으로 지은 모든 업들은 불보살들의 원행과 비교하여 잘못되었으면 뉘우치고 고쳐 나가는 것이다. 참회의 참懺은 범어 ksama를 음역한 참마懺摩의 준말이며, 회悔는 범어 apati-pratidesana에 해당한다. 참회는 방법과 성질에 따라 ① 포살布薩 ② 자자自恣 ③ 3종 참법懺法 ④ 3품 참회 등이 있다.

① 포살布薩

포살은 출가 승려들이 한 달에 2회씩 15일과 30일에 모여서 계경戒經을 설하고 보름 동안에 지은 죄가 있으면 참회하여 선善을 기르고 악惡을 없애는 의식이다.

재가 신도들은 육재일에 팔계八戒를 지니며 선을 기르고 악을 없애는 의식을 말한다. 육재일은 매달 8일 14일 15일 23일 29일 30일로 6일간이며 이 6일에는 사천왕四天王이 천하를 순례하면서 인간의 선악을 살핀다. 팔계는 살생, 투도, 음행, 망어, 불음주, 사치하지 말라, 가무를 즐기지 말고 높은 자리에 앉지 말라, 불시식 등이다.

② **자자自姿**

자자는 불교에서 스님들이 허물을 서로 지적해 주고 받는 의식으로서 안거安居가 끝난 승려들이 모여 안거 기간의 허물을 지적받는 의식이다. 스님들은 본래 탁발托鉢로 의식을 해결한다. 그런데 기후조건이 나쁜 계절에 탁발을 다니는 것은 건강상 좋지 않을뿐더러 풀벌레가 많은 여름 같은 경우에는 자기도 모르는 사이 불살생不殺生의 계율을 어기게 되는 경우도 있었다. 그래서 생긴 것이 여름과 겨울 2번에 걸친 안거 제도이다. 탁발 수행이 사라진 오늘날에도 용맹정진의 수단으로 여름, 겨울 3개월씩의 안거생활을 한다.

자자는 여름 안거가 끝나는 음력 7월 15일에 안거생활을 함께한 승려들이 모여서 각자 안거 기간 중에 무슨 허물이 있었는지를 동료 스님들에게 묻는 의식이다. 승려들은 자기 차례를 기다려 대중 앞에 합장을 하고, 동료 스님들에게 안거 기간 동안 자기의 언동에 무슨 잘못이 있었는지를 지적해 달라고 청한다. 동료 스님들은 이 때 지적할 것이 있으면 지적하고 없으면 가만히 있어야 한다.

이것은 서로 간에 허물을 지적하고 참회함으로써 승려 본연의 청정함을 유지하려는 제도로, 자자를 끝내 청정해진 스님에게 공양을 올리면 더욱 큰 공덕을 받는다. 조상의 영혼을 위로하는 우란분회盂

蘭盆會가 자자가 끝나는 날에 열리는 것도 이 때문이다. 자자를 행하는 날을 자자일이라고 하는데, 『사분율四分律』 등에서는 음력으로 7월 15일, 『십송율十頌律』·『근본설일체유부율』에서는 8월 15일로 하고 있다.

③ 3종 참법

죄악을 참회하는 세 가지 방법을 말하는데 첫째는 작법참作法懺이라고 하며,

첫째는 규정된 작법에 따라 부처님 앞에서 참회하는 의식을 말한다.

둘째는 취상참取相懺이라 하여 정定에 들어 참회의 생각을 하면서 불보살이 와서 정수리를 만져 주는 것과 같은 서상瑞相을 얻기를 바라는 것이다. 그리하여 성죄性罪, 차죄遮罪 등을 멸하며 셋째는 무생참無生懺으로 마음을 바로 하고 단정히 앉아 무생무멸無生無滅의 실상을 관하여 무명번뇌를 끊는 일이다.

이 외의 참회방법으로는 우리들이 기도 불공 때에 항상 독송하는 『천수경』을 보면 참회게송과 참회진언懺悔眞言이 있다.

④ 3품 참회

참회게(懺悔偈)

> 我昔所造諸惡業(아석소조제악업)

皆由無始貪瞋癡(개유무시탐진치)
從身口意之所生(종신구의지소생)
一切我今皆懺悔(일체아금개참회)

아득한 과거로부터 제가 지은 모든 악업은
모두가 탐·진·치에서 비롯된 것이며
신구의 삼업으로부터 생긴 것이기에
나는 지금 모든 죄를 참회합니다.

百劫積集罪(백겁적집죄)
一念頓蕩盡(일념돈탕진)
如火焚枯草(여화분고초)
滅盡無有餘(멸진무유여)

백겁 동안에 쌓인 모든 죄를
한 생각에 사라지게 해 주소서.
산더미 같은 마른 풀에 불을 붙이면 일시에 타 버리듯이
남김없이 소멸되게 해 주소서.

罪無自性 從心起(죄무자성종심기)
心若滅時 罪亦亡(심약멸시죄역망)

> 罪亡心滅 兩俱空(죄망심멸양구공)
> 是卽名爲 眞懺悔(시즉명위진참회)

죄라고 하는 것은 본래 자성이 없으며
마음이 사라지면 죄 또한 사라진다.
죄도 없고 마음도 멸해 그 둘 다 공_空해지게 되면
이것을 참된 참회라고 한다.

참회진언

옴 살바 못자 모지 사다야 사바하 (세 번 이상)
참회진언은 많이 하면 할수록 죄업이 소멸된다.

십악참회

> 殺生重罪今日懺悔(살생중죄 금일참회)
> 偸盜重罪今日懺悔(투도중죄 금일 참회)
> 邪淫衆罪今日懺悔(사음중죄 금일참회)

생명을 해친 무거운 죄 이제 참회하옵고
남의 것을 훔친 무거운 죄 이제 참회하옵고
아내나 남편이 아닌 자와 하는 음탕한 옳지 않은

부정을 저지른 무거운 죄 이제 참회하옵나이다.

妄語衆罪今日懺悔(망어중죄 금일참회)
綺語衆罪今日懺悔(기어중죄 금일참회)
兩舌衆罪今日懺悔(양설중죄 금일참회)
惡口衆罪今日懺悔(악구중죄 금일참회)

거짓말한 무거운 죄 이제 참회하옵고
도리에 어긋나며 교묘하게 꾸며 대는 말에
대한 무거운 죄 이제 참회하옵나이다.
서로에게 다른 말을 하여 이간질했던 무거운 죄 참회하옵나이다.
남에게 욕을 하고 험담을 하여 성내게 하고
번뇌롭게 했던 무거운 죄 이제 참회하옵나이다.

貪愛衆罪今日懺悔(탐애중죄 금일참회)
瞋碍衆罪今日懺悔(진애중죄 금일참회)
癡暗衆罪今日懺悔(치암중죄 금일참회)

색色, 성聲, 향香, 미味, 촉觸의 오경五境을 탐하여
애착愛着했던 무거운 죄 이제 참회하옵고
성냄이 장애로 이뤄진 무거운 죄 이제 참회하옵고
어리석어 저지른 무거운 죄 이제 참회하옵나이다.

참회의 열 가지 공덕

1. 참회는 능히 번뇌煩惱의 땔감을 태우고
2. 참회는 능히 천상天上에 태어나게 하며
3. 참회는 능히 사선四禪의 낙을 얻고
4. 참회는 능히 마니보주를 내리게 하며
5. 참회는 능히 수명을 금강金鋼과 같이 늘리고
6. 참회는 언제나 즐거운 상락궁에 들어가게 하며
7. 참회는 능히 삼계三界의 감옥을 벗어나게 하고
8. 참회는 능히 보리菩提의 꽃을 피우며
9. 참회는 능히 부처님의 대원경지를 보게 하고
10. 참회는 능히 가장 좋은 보소寶所에 이르게 한다.

−『대승본생심지관경(大乘本生心地觀經)』

청담스님의 호국참회

생전 청담스님은 도선사에 1961년도에 부임, 조석예배를 108참회로 진행하셨으며 도량 명칭을 호국 참회도량으로 지정하고 현재에 이르고 있다. 현재도 많은 신도들이 108참회로 기도불공을 올리고 있다.

청담스님은 인간이 참회를 하지 않고서는 결코 성공할 수 없으며 자신이 원하는 것을 성취할 수 없다고 하셨다. 이것이 도선사가 참회도량으로 널리 알려진 이유이다.

108참회문에는 108불명佛名을 호명하는 참회문이 있고, 인간에게는 팔만사천 번뇌가 있고 그 번뇌로 인하여 죄업이 형성되기 때문에 청담스님은 참회의 절을 천 번, 삼천 번, 일만 번 이상 참회기도를 하도록 항상 불자나 제자들에게 말씀하셨다. 참회기도를 많이 하면 할수록 죄업이 사라진다.

최근에는 선묵혜자 스님이 '마음으로 찾아가는 108산사 순례기도회'를 결성, 108번의 절을 하고 우리말 108참회문을 읊게 하고 있으며 회원들의 기도발원을 해 주고 있다.

　이와 같이 참회기도는 우리 중생의 번뇌와 고통을 소멸할 뿐만 아니라, 번뇌와 죄업이 모두 소멸되고 나면 성불을 할 수 있다는 것이다. 그러므로 죄의 원인을 알고 그 죄업에 대한 참회를 전제하지 않고서는 소원을 성취하거나 성공을 할 수 없다는 것을 알아야 한다. 재가 신도들은 참회기도를 열심히 해야 한다.

수식관(數息觀)

입출식념入出息念이라고 하는데 들고나는 숨을 관하는 수행이다. 일반적으로 번뇌로 인해 마음이 산란한 사람들이 닦는 수행으로 마음을 안정시키는 데 좋다.

부정관(不淨觀)

탐욕이 많은 사람이 수행을 할 때 닦는 관법으로 우리 몸의 부정한 모습을 보는 것을 말한다. 욕망과 애욕에 눈먼 사람들이 자신이 가진 육체가 얼마나 더럽고 부질없는 것인가를 봄으로써 스스로 탐욕과 애욕을 멈추게 하는 수행법이라 할 수 있다.

자비관

사람들이 화를 내고 다투는 것을 그치고 자비로운 마음을 스스로 내게 하는 관법이다. 사람은 항상 자신의 마음을 거슬리게 하는 그 순간을 참지 못하고 화를 내거나 불쾌감을 드러낸다. 이로 인해 심각한 인간관계의 불편을 초래하게 되고 마침내 신뢰가 무너져 급기야 심한 싸움과 분쟁이 일어난다. 이때는 사실, 남보다도 자신이 더

많은 상처를 받게 된다. 이러한 화내는 마음을 오히려 뒤집어 자비로써 상대방을 용서하게 되면 행복을 얻을 수 있다. 자비관은 화내는 마음을 자비로써 다스리는 것이다.

간화선(看話禪)

대한불교 조계종은 간화선의 전통을 그대로 간직하고 있다. 간화선은 화두話頭를 근거로 수행하는 참선법으로, '화'는 화두의 준말로서 조사선의 정신을 이어 조사들의 선문답을 화두로 정형화시켜 수행하는 것을 말한다.

일반적으로 화두란 말을 뜻하지만 생각의 길과 마음의 길이 끊어진 말이다. 즉 생각과 말이 나오기 이전 본래의 자리를 일컫는데, 이를 다른 말로 고칙古則, 공안公案이라고도 한다. 첫마디의 화두 하나를 해결하게 되면, 다음 화두를 들어 그것을 해결하며, 차례로 큰 깨달음을 목표로 하는 선풍禪風이다.

선禪은 부처님의 마음이라고 한다. 그 선은 중국에서 5세기부터 발전한 대승불교의 한 흐름이다. 선불교의 기원은 석가가 영산회靈山會에서 말없이 꽃을 꺾은 데서 제자 대가섭大迦葉만이 그 뜻을 안 데 있다. 이를 염화시중이라고 한다.

그 뒤 520년 인도에서 달마達磨가 중국 당나라로 건너가 전파한 것이 선불교의 직접적인 시초이다. 중국의 선종은 개조 달마로부터 시작하여 당나라 때의 6조六祖 혜능惠能·신수神秀에 이르러 남종선南宗禪이 크게 성했다. 이 혜능 문하인 청원행사靑原行思의 계통으로부터 5대에 이르러 양개良价가 나와 동산洞山에 머물며 크게 선풍禪風을 진작시켰다. 또 그의 제자 조산 본적(曹山本寂:840~901)에 의해 조동종이 크게 일어났으므로 '조동종'이라는 이름이 붙여졌다. 이후 선불교는 한국, 일본 등으로 전파되었다. 묵조선默照禪이라는 평을 받은 중국의 오가 칠종五家七宗 중 선종禪宗의 일파인 조동종曹洞宗의 선풍에 대한 임제종臨濟宗의 선풍이 간화선이다. 중국의 선종은 오대 이후 번영한 오가 중 위앙종潙仰宗·운문종雲門宗·법안종法眼宗은 일찍 쇠하고, 송나라 이후에는 청원과 동문인 남악회양南岳懷讓의 법계에서 발생한 임제종臨濟宗과 함께 조동종이 융성하였다. 그러나 그 계통은 오래지 않아 단절되고 임제종만이 발전하였다. 송나라 때 조동종의 굉지 정각宏智正覺이 묵조선을 표방하고 나오자, 임제종의 대혜종고大慧宗杲 일파가 그것을 비난하면서 화두를 참구參究함으로써 평등일여平等一如한 경지에 도달할 수 있다고 주장하였다.

일반적으로 선불교는 좌선을 중요한 수행 방법으로 삼는다. 또한 불립문자不立文字와 교외별전敎外別傳의 전통이 있다. 불립문자는 경전을 읽고 암송하는 것보다 부처의 뜻에 따른 수행을 중요시하는 사상이며, 교외별전은 조사에서 조사로 이어지는 법통의 전수를 강조한 말로 모두 교종敎宗과 대비되는 선불교의 특징이다. 정려靜慮·좌선坐禪으로 내관內觀·내성內省하여 불성佛性을 찾고, 설교·문자를 떠나 즉시 불심佛心을 중생에게 전하는 종파이다. 선불교는 모든 인간의 내면에 본래 부처를 지니고 있다고 믿으며 수행을 통해 본래 부처를 발견하여 열반에 이르기 위해 정진하는 것을 가장 큰 목적으로 하는데 이를 견성성불見性成佛이라고 한다.

공안은 약 1,700여 개인데 대표적인 간화선의 화두는 '무無자', '이 뭣꼬', '간시궐' 등이 있다.

참선의 공덕

참선은 자기를 성취하는 최선의 길이며 불법수행의 궁극적 방법으로서 그 무량공덕은 참으로 크다. 이러한 선정을 닦음으로써 다음과 같은 이익을 얻을 수 있다.

첫째 우리의 몸과 행동거지가 자연 바르고 편안해진다는 '안주의식安住儀式'이 생긴다.

둘째 '행자경계行慈境界'로써 선정을 닦으면 우리의 몸과 마음이 정화되어서 자비심이 많아진다. 그래서 누구를 만나든가 어떤 일을 당해도 저절로 자비심이 생긴다.

셋째는 탐진치 삼독심이 사라져 절로 번뇌가 끊긴다는 '무번뇌無煩惱'가 생긴다.

넷째가 '수호제근守護諸根'이다. 인간이라는 것은 눈·코·귀·혀·몸·마음이라는 육근으로 이루어져 있는데 이 여섯 원숭이가 각자 제 좋은 것만 찾아 날뛰어 한시도 조용한 날이 없는 것을 번뇌라 이름 하며, 육근이 잘 제어되어 분별 망상을 내지 않는 것을 보리菩提라 이름 하는데 선정을 닦게 되면 위의 여섯 감각기관들을 청정하게 보호하여 외부환경의 유혹에 떨어지지 않게 된다.

다섯째는 '무식희락無食喜樂'으로 선정을 닦으면 먹지 않아도 기쁘다는 것인데 식욕과 식도락을 벗어난다.

여섯째는 '원리애욕遠離愛慾'으로 이성 간의 사랑이나 성적 욕구를 다 떠난다.

일곱째는 '수선불공修禪不空'으로 선을 닦으면 공에 떨어지지 않는다는 것인데, 이는 인연 지어진 일체 현상이 모두 공한 가운데 공하지 않은 무엇인가를 찾는다는 말이 아니라, 반야공般若空 진리眞理에서 사무치면 단멸斷滅의 공에 떨어지지 않고 그 속에서 진공묘유眞空妙有 일중도一中道를 체득한다는 것이다.

여덟째는 '해탈마견解脫魔羂'으로 생사의 일체 번뇌를 제어하여 파순(마군)의 그물을 벗어난다.

아홉째는 '안주불경安住佛境'으로 깊은 번뇌를 여의었으니 무량한 지혜를 발하고 일체법에 통달하여 부처님의 경계에 편안히 머문다.

열 번째는 '해탈성숙解脫成熟'으로 선정을 닦으면 모든 경계를 벗어난 무애해탈이 자연히 원숙해져 부처를 이루게 된다.

이처럼 참선수행에는 거룩한 이익과 공덕이 있기 때문에 우리는 스스로도 본래의 자기를 챙겨 열심히 닦아야 하며 또한 이를 주변에게도 권하는 것이 좋다. 그리고 남이 선을 닦는 것을 보면 기뻐하고 수행하는 스님을 대할 때는 공경과 공양을 아끼지 말아야 한다.

　그냥 정신을 놓고 무분별하게 살아서는 안 되며 인간답게 살아야 한다. 그럼, 어떻게 사는 것이 올바른 삶인가? 인류는 예부터 이 같은 문제를 두고 끊임없이 논의하여 왔다. 그래서 나온 결론이 바로 자기 수행을 통한 성찰이다. 그 최상의 방법이 바로 참선이다. 하지만 참선을 잘못하게 되면 마경에 빠질 수도 있기 때문에 항상 도반과 스승을 두어 자기 자신을 점검해야 한다. 이것이 정법正法의 길이다.

제6장

불자의 수행과 신행생활

석가모니불 정근 (釋迦牟尼佛 精勤)

나무 삼계도사 사생자부 시아본사
南無 三界導師 四生慈父 是我本師

석가모니불... (계속)
釋迦牟尼佛...

천상천하무여불 시방세계역무비
天上天下無如佛 十方世界亦無比

세간소유아진견 일체무유여불자
世間所有我盡見 一切無有如佛者

고아일심귀명정례
故我一心歸命頂禮

사찰방문

사찰을 방문하는 사람들의 목적과 취지는 다양하다. 불자로서 신앙심을 키우고 또한 기도불공이나 부처님 교육을 받기 위하거나 스님들의 설법을 듣고 또한 참배를 하기 위해 사찰을 방문하는 등 저마다 다른 목적이 있다. 어떻든 사찰을 방문할 때는 갖추어야 할 예의와 행동이 있으므로 잘 배우고 이에 맞게 행동해야 한다. 절에는 기본적인 절도와 규범이 있다. 이것이 방문자가 가져야 하는 기본적인 마음자세이다. 어떠한 일이 있어도 예법을 준수할 줄 알아야 하며 몸과 행동에 조심성이 있어야 한다.

예를 들면 사찰에서는 신을 벗는 데도 법도가 있다. 걸음 하나 걷는 데도 신행信行에 어긋나서는 안 된다. 공양을 하는 데도 참회와 기원이 들어 있어야 하며 문을 열고 출입하는 데도 예절이 있다. 또한 앉고 서고 말하고, 잠자는 데까지 절행節行의 규범規範을 지켜야 한다.

설법을 듣기 위한 방문

먼저 사찰입문에 따른 예의를 갖춘 후에 설법 장소에 들어서야 한다. 설법에 앞서 안내자의 지시에 따라 질서를 지키고 예를 올리고 좌석에 앉아 설법을 듣는 진지한 자세를 갖추고 청법請法을 기다려야 한다.

참선을 하기 위한 신도

요즘 사찰에서는 물론, 시중 선원에선 일반인을 위한 선방禪房들이 많이 열리고 있다. 이곳에서는 주로 좌선과 참선정진을 하는데 좌선·참선은 육체적인 행동을 멈추게 하고 육체적인 행동을 멈춤에 따라 육체에 끌려 움직이는 마음을 한가롭게 해야 한다.

좌선이나 참선에 임하게 되면 처음에는 마음에 많은 번뇌가 일게 된다. 하지만 지속적으로 수행 정진을 하면 시간이 지나갈수록 번뇌가 사라지고 마침내 깨달음에 이르게 되는데 이것이 바로 좌선 참선의 목적이다.

기도 불공佛供
의례

인간은 살아가면서 금전이나 권력으로 해결할 수 없는 일들이 많이 있다. 이러한 문제가 있을 때는 부처님께 기도를 드리는 것이 좋다.

대개 어머니들은 가족들의 건강과 안녕을 위해, 혹은 자녀들의 출세를 위해 불공을 드리려고 사찰에 오지만 그 방법을 제대로 모를 때가 많다. 그럴 때는 사찰의 안내에 따라 하는 것이 좋지만 그 방법을 잘 숙지해야 한다.

기도의 종류에는 참선을 통해 지혜를 구하는 것도 있다. 하지만 이는 매우 어려운 방법이다. '지성이면 감천'이라는 말이 있다. 어머니들의 지극한 정성으로, 이루기 힘든 일도 큰 장애 없이 성취되는 일이 많이 있다. 물론 이를 과학적으로 증명하기란 어렵다. 기도는 그만큼 모든 것을 이기는 힘이 있다.

기도 불공을 하면 업장이 소멸되고 지혜광명이 일어나 그 어떤 어려운 일도 쉽게 해결이 되고 때론 원하는 일도 성취가 된다.

처음 기도하는 마음이 발심할 때는 비록 미약하지만 일편단심 변함없이 자나 깨나 가며 오며 지성껏 기도를 올리면 그 정성으로 인해 어머니의 마음은 점점 커져 천하를 얻는 마음이 되어 자연스럽게 모든 것을 성취하게 된다.

대중생활

대중생활은 매우 엄격하다. 어느 것 한 가지라도 무의미한 것이 없다. 머리를 깎는 데도 날짜가 정해져 있고 세탁을 하는 데도 아무 날이나 해서는 안 된다. 그만큼 엄격 치밀하며 세심하게 꾸며져 있고 일시라도 방심과 산일散逸이 없도록 제도와 율법이 정해져 있다.

이것은 대중생활에 불편이나 고통을 던져 주기 위해 만들어진 것이 아니라 도를 닦기 위한 수행의 방편이며 도움을 주기 위함이다. 생활 전부를 정진화精進化, 수행화修行化하기 위해 만들어 놓은 법도들이다. 수행자들은 성불이라는 고지를 점령하기까지 번뇌의 적과 싸우는 군인들이다. 전쟁에 출정하는 용사들은 필승의 각오와 불퇴전의 결의를 늦출 수 없다.

시도 때도 없이 육근六根을 통해 들어오고 있는 번뇌의 적, 아뢰야식에 저장되어 있는 적, 누겁다생累劫多生에 쌓이고 모여 있는 무수한 적敵, 근본 무명無明에서 불고 있는 업풍業風과 미혹迷惑 등의 많은 적들을 격멸하기 위해서는 순간의 방심이 있을 수 없으며 찰나의 나태도 있을 수 없다.

이것이 출가자의 생활이요 구도자의 자세이다. 이 어려운 작업은 외형적, 혹은 물질적 행위적으로 쌓아 올리는 것이 아니라 내면의 성찰을 통해 쌓아 올리는 정적인 작업이다. 그러므로 매우 힘들 수밖에 없다.

'행주좌와行住坐臥와 어묵동정語默動靜'이 모두 본분에 결합되어야 하며 일거수일투족이 그대로 수행에 혼일混一되어야 하기 때문이다.

공양 예절

사찰에 오면 벽에 '오관五觀'이 걸려 있다. 항상 마음속으로 생각하고 '염관念觀'하는 다섯 가지를 의미한다.

첫째, 이 음식이 나에게 오기까지 농부들의 신고辛苦는 또 얼마나 많았으며 아무 허물없는 방생 곧 벌레들의 생명은 얼마나 없어졌으며 시주들의 공덕은 얼마나 쌓였을까 하는 것을 생각해야 한다는 것이다.

둘째, 이 음식물을 내가 당연히 받아먹을 만한 덕행德行을 갖추었는가 하는 것을 반성하라는 것이다.

셋째, 마음을 근신謹愼하여 결코 탐욕을 내지 말아야 한다는 뜻이다.

넷째, 지금 받아먹고 있는 이 음식들은 수도와 정진에 있어 기갈飢渴을 면하도록 하기 위함에 지나지 않으며 수도修道를 하는 데 반드시 육신을 보호하고 허약을 예방하는 식약食藥 정도로 생각하라는 것이다.

다섯째, 음식은 수도를 위해 섭취하기 위함이라는 것을 관觀하라는 뜻이다.

이와 같이 사찰의 생활은 매우 엄격하다. 밥 먹고 잠자고, 가고 오고 하는 생활 행동이 모두 정진과 수도에 결부되어 있다. 그러므로 이를 제외하고는 다른 것은 있을 수가 없다.

삼함三緘

삼함三緘이라는 말은 『치문緇門』에 보면 '금인삼함金人三緘'이라는 구절이 있는데 '금인으로 입을 세 번 꿰맨다'는 말이다.

입이란 잘못하면 화근이 되며 삼업三業 가운데서도 가장 엄격히 주의해야 하기 때문에 한 번만 꿰매는 것이 아니라 세 번씩이나 꿰매어 함봉緘封한다는 의미이다. 입을 조심한다는 것은 불교뿐만 아니라 유교에서도 그러하고 모든 윤리덕목에서 뺄 수 없는 중요한 과목의 하나이다.

삼함으로 서로가 다투지 않고 오직 수도에만 전념하라는 무서운 계훈戒訓이다.

제7장

깨달음의 진리로 가는 길

나를 다스리는 법

- 나의 행복도, 나의 불행도 모두 내 스스로가 짓는 법, 결코 남의 탓이 아니다.
- 나보다 남을 위하는 일로 복을 짓고 겸손한 마음으로 복을 쌓아라.
- 모든 죄악은 탐욕·성냄·어리석음 탐진치에서 생기는 것, 늘 참고 적은 것으로 만족하라.
- 웃는 얼굴 부드럽고 진실된 말로 남을 대하고 모든 일은 순리에 따르라.
- 나의 바른 행동이 나라 위한 길임을 깊이 새길 것이며 나를 아끼듯 부모를 섬겨라.
- 웃어른을 공경하고 아랫사람을 사랑할 것이며 어려운 이웃들에게 따뜻한 정을 베풀어라.
- 내가 지은 모든 선악의 결과는 반드시 내가 받게 되는 것, 순간 순간을 후회 없이 살라.
- 하루 세 번 나를 돌아보고 남을 미워하기보다는 내가 참회하는 마음으로 살라.

육바라밀 수행

보시(布施)바라밀

보시란 몸과 마음으로 정성을 다 바쳐 남에게 베푼다는 뜻을 가지고 있다. 요즘 말로 하면 어려운 사람이나 도움이 필요한 사람에게 아낌없이 주는 것을 말한다. 『법구경』「세속품」을 보면 다음과 같은 구절이 있다.

> 인색한 사람은 하늘나라에 갈수 없다.
> 어리석은 사람은 베풀 줄을 모른다.
> 그러나 현명한 사람은 베푸는 것을 좋아하나니
> 그는 그 선행으로 인하여
> 더 높은 세상에서 행복을 누리게 된다.

부처님 당시의 인도 사람들이 남에게 얼마나 많은 보시를 베풀었는가를 이 경전을 통해 보면 알 수 있다. 그들은 남에게 베풀면 베풀수록 공덕이 쌓여 나중에 좋은 과보로 돌아온다고 믿고 있었다. 가난한 사람이나 수행자들을 만나면 복을 짓기 위해 사심 없이 기쁜 마음으로 음식을 베풀었다. 그래서 어려운 사람이나 수행자들을 만나면 복을 뿌리는 밭이라고 해서 '복전福田' 혹은 '복밭'이라고 했던 것이다.

보시에는 세 가지가 있다. 재물로 남에게 베푸는 재시財施, 두려움을 없애 주는 무외시無畏施, 부처님의 가르침을 전해 주는 법시法施이다.

보시를 하는 데에는 꼭 필요한 것이 있는데 반드시 자신의 분수에 맞게 해야 하고 할 때는 정성을 다해 상대방이 오해가 없게 해야 한다는 점이다. 말하자면 주어서 기쁘고 받아서 행복해야 한다. 이런 마음을 가지기 위해서는 주는 이와 받는 이가 따로 있다는 생각을 절대로 해서는 안 된다.

『금강경』에 보면 '아무리 많은 보시를 해도 『금강경』의 사구게를 한 줄 읽어 주는 것이 더 큰 보시'라는 말이 있다. 이는 보시란 크고 작음에 있는 것이 아니라 바로 마음에 달려 있음을 말하는 것이기도 하고, 부처님의 가르침을 전해 주는 법시의 중요성을 일컫는 말이다.

그래서 부처님은 보시할 때 보답을 원해서도 안 되며 자신이 남에게 보시한다는 생각조차 하지 않는 '무주상보시無住相布施'가 진정한 보시라고 말씀하셨다.

자기가 가진 것을 남에게 나누어 준다는 것은 보통 사람의 마음으로서는 힘들다. 인간은 원래부터 가지면 가질수록 많은 것을 가지고 싶어 하는 것이 본능이다. 그래서 육바라밀 중에서도 참으로 실천하기 힘든 덕목이 바로 보시인 것이다.

지계(持戒)바라밀

지계란 계율을 지켜 중생을 구제하는 것을 말한다. 즉 세상을 살아가기 위한 올바른 가치관을 가지고 스스로 바른 생활을 하는 것이다. 지켜야 할 덕목에는 오계, 십선계, 보살계 등이 있다. 이것은 부처님과의 약속이며 반드시 일상생활 속에서 불자나 수행자들이 지켜야 할 실천사항이다.

> 분노는 넉넉한 자비심(慈悲心)으로 녹여라
> 악함은 선으로써 이겨야 하며
> 베풂으로써 인색함을 떨치게 하라
> 정법(正法)으로 잘못된 것을 제압하라
> - 『법구경』

사람이 올바로 세상을 살아가기 위해서는 오직 자신의 가치관을 확립하고 바른길을 가는 '정법正法' 뿐이다. 여기서 바른길이란 바로 부처님이 말씀하신 계를 지키는 것이다. 악惡을 이길 수 있는 유일한 길은 선善이다. 그리고 화는 자비심만이 없앨 수 있다.

'정업定業은 난면難免'이라는 말이 있다. 이는 부처님조차도 지은 과보는 면할 수 없다는 말이다. 부처님은 열반에 들기 전, 전생에 지은 과보로 인해 등창으로 고생하셨다. 이것은 부처님도 자신이 지은 과보는 분명히 받는다는 것을 일러 주는 내용이다.

세상을 살면서 자신이 지은 업은 알게 모르게 반드시 자신에게 돌아온다는 점을 명심해야 한다. 과보를 받지 않기 위해서는 업을 짓지 말아야 한다. 업은 지계가 없으면 자신도 모르게 쌓인다. 오늘 잘못한 행동이 내일의 모습으로 나타나게 되어 나중에는 돌이킬 수 없는 나쁜 결과로 이어질 수 있다. 그러므로 사람은 매사에 자신의 생각과 행동을 신중하게 해야 하며 반드시 계율을 지켜야 한다.

　사람이 평생 세상을 살면서 업을 짓지 않을 수는 없다. 하지만 선업善業을 꾸준히 쌓다 보면 자신이 지은 악업惡業도 자연히 소멸된다. 이렇듯 부처님이 지계를 강조하신 깊은 뜻은 중생들이 행복하고 편안한 마음으로 살게 하기 위함에 있지 불편하고 까다롭게 하기 위해서가 아니다. 모든 중생들은 자신도 모르게 나쁜 습성을 사용하기 때문에 선근善根을 심기가 매우 힘들다. 이것이 부처님이 지계를 강조하신 이유이다.

인욕(忍辱)바라밀

세상에는 참기 힘든 많은 것이 있다. 그러나 이런 참기 힘든 것을 이기는 것, 남이 하기 싫은 일을 기꺼이 자신이 먼저 하는 것, 그리고 재물에 대한 욕심을 버리는 것이 바로 인욕이다.

　인욕을 요구하는 것에는 탐냄과 성냄 그리고 어리석음이라는 삼독三毒이 있다. 만약, 불자나 수행자가 화를 낸다면 이는 불자나 수행자로서 덕을 가지지 못한 사람이다. 불교에서 가장 요구되는 것은 참음, 곧 인내이다. 불교를 수행의 종교라고 하는 것도 이 때문이다.

인간의 욕심은 무한한 허공과 같아 이루 말할 수가 없다. 재물에 대한 욕심, 명예에 대한 욕심, 자식에 대한 욕심, 권력에 대한 욕심, 이 모든 것은 인간이 추구하는 욕망이다. 이러한 욕망을 추구하다 보면 어느 날 갑자기 깊은 좌절 속으로 빠질 수 있다.

부처님께서는 『반니원경』에서 다음과 같이 말씀하셨다.

"탐욕은 마음의 큰 병이다. 그것은 원수처럼 거짓으로 다가와 모르는 사이에 자신을 해친다. 내부에서 일어난 그 무서운 영향력은 세상의 불火보다도 더 무서운 것으로써 불은 맹렬히 타오르더라도 물이 끌 수 있지만 탐욕의 불은 어지간히 끄기 어렵다. 또한 거센 불이 들을 태우더라도 풀은 이내 다시 싹이 트지만 탐욕의 불이 마음을 태워버리면 정법이 생기기란 어렵게 된다."

이와 같이 탐욕은 세상의 낙을 찾기 위해 욕심을 키우다가 마침내 악의 구렁텅이로 빠지는 지름길이 된다. 그렇기 때문에 실로 탐욕보다 더한 나쁜 마음은 없다. 탐욕을 버리기 위해 절대적으로 필요한 것이 바로 인욕인 것이다.

성냄을 참는 것도 인욕이다. 성내는 마음은 모든 일을 그르치는 절대적인 원인이 된다. 그럼 어떻게 해야 성냄을 참을 수 있을까? 우선 자신의 마음을 잘 이해하고 잘 다스려야만 한다.

어떤 사람이 내게 화를 내었다면 그가 왜 화를 내었는지 그 이유는 어디에 있는지 상대방의 마음을 먼저 이해해야 한다. 그렇지 못하고 함께 화를 낸다면 돌이킬 수 없는 결과로 이어지게 된다. 그렇다고 억지로 화를 참아서도 안 된다. 자연스럽게 순화의 과정을 거쳐야 한다. 그래야만 마음의 병을 얻지 않는다.

　더욱 중요한 것은 매사에 참을 것도, 참아야 할 일도 만들지 않는 것이다. 그래서 도가 깊은 수행자는 아무리 남이 화를 낸다고 하더라도 애써 참을 일이 없기 때문에 인욕조차 생각하지 않는다. 이것이 참된 인욕의 길이다. 그렇게 되면 심지어 남에게 뺨을 맞아도 화를 참을 줄 아는 자상함이 저절로 길러지게 되는 것이다.

정진(精進)바라밀

정진바라밀은 부처님의 정법을 믿고 끊임없이 수행하는 것을 말한다. 정진바라밀은 정법을 믿는 순간, 시작도 끝도 없는 과거세와 미래세까지 영원히 수행함을 일컫는다. 그럼 어떻게 해야 정진바라밀을 실천할 수 있을까?

　정진바라밀의 가장 무서운 적은 번뇌라는 놈이다. 번뇌는 마치 저 하늘에 떠다니는 뜬구름과 같아서 한곳에 머물지 않고 인간의 마음을 끊임없이 괴롭힌다. 곧 번뇌를 버리지 않고서는 올바른 정진을 할 수 없다.

　그럼 번뇌는 어떻게 생기는가. 원인은 탐욕이다. 이것 때문에 수행자들은 정진을 하다가도 망상에 빠져 헤어나지 못하게 된다. 어쩌면 이 또한 수행의 한 과정일 수 있지만 중요한 것은 굳은 마음이다.

'세 살 적 버릇 여든까지 간다'는 우리 속담이 있다. 우리가 설령 번뇌를 끊고 수행을 한다고 해도 어느 날 갑자기 번뇌가 찾아오기 마련이다. 이때 가장 중요한 것이 바로 '마음 다스리기'이다. 자신의 마음을 제대로 다스리지 못하는 사람은 번뇌에 이끌려 올바른 정진을 계속할 수 없다.

몸과 마음의 수행이 잘되다가도 어느 날 갑자기 번뇌에 빠져 헤어나지 못해 탐진치 삼독심이 솟아나곤 한다. 이를 타파하기 위해서는 굳건한 마음으로 수행을 해 나가야 한다. 이것이 바로 '용맹정진'이다.

부처님은 6년간의 고행 끝에 성도成道를 하셨다. 피골이 상접되고 마라의 갖은 유혹을 이기고 성도를 했던 것도 이러한 번뇌 망상을 일찍이 끊고 '용맹정진'을 했기 때문이다. 모름지기 수행자라면 번뇌도 끊을 줄 알아야 한다.

선정(禪定)바라밀

선은 범어인 드야나dhyana의 음역인 선나禪那의 줄임말로서 번역하면 정려靜慮 즉 고요히 생각함, 또는 사유수라고도 한다. 정定은 마음을 한곳에 모아 움직이지 아니하는 안정된 상태를 뜻한다.

곧 선정이란 '마음을 고요히 하여 집중해 들어간다'는 뜻을 지니고 있다. 마음을 하나의 대상에 집중하여 전혀 동요가 없는 상태를 선정이라고 하는데 깊이 마음을 집중하는 수행을 두고 '선정바라밀'이라고 한다.

선정을 하면 분별로 인한 소란과 수면과 같은 멍한 상태에서 마음을 깨어 있게 하여 정신을 맑게 해 주는 장점이 있다. 그래서 선정을 두고 '삼매三昧'라고 하기도 한다.

나와 대상이 하나가 되어 맑고 고요하여 한 치의 흔들림도 없는 경지에 듦을 일컫는다. 이 선정바라밀이 나아가 반야바라밀이 되기 때문에 수행자는 반드시 닦아야 한다.

지혜(智慧)바라밀

지혜바라밀은 반야의 완성을 뜻한다. 여기에서 지혜란 선정을 통해서 얻어지는 것으로 일반적으로 우리가 지식을 통해 얻는 지혜와는 현저히 다른 것이다. 앞에서 소개한 보시·지계·인욕·정진·선정바라밀도 엄밀히 말하면 이 지혜바라밀 없이는 이루어질 수 없다. 그러므로 육바라밀 중 최상의 덕목이 바로 이 지혜바라밀이다.

그럼 지혜란 무엇을 뜻하는가? 지혜란 곧 반야를 뜻하는데 이때 지혜는 곧 '공空'이다. 어떤 깨달음을 얻기 위해 실천하는 지혜를 가리킨다.

　꽃의 향기는 일정하게 퍼지지만 지혜바라밀로 얻은 반야의 향기는 아주 멀리 허공에까지 널리 퍼진다. 즉 부처님 같은 지혜를 가진 사람의 향기가 2500년이 지난 지금까지도 퍼지는 것처럼 그 끝이 없다.

　부처님 경전인 『대지도론』에서는 다음과 같이 밝히고 있다.

　지혜바라밀 없이는 다섯 가지 바라밀은 바라밀이라고 불리지 못한다. 마치 전륜성왕이 윤보輪寶가 없을 때에는 전륜성왕이라는 이름을 갖지 못하는 것과 같다.

전륜성왕

정의·정법(正法)으로서 전륜왕 또는 윤왕이라고도 약칭한다. 작가라발랄저(斫迦羅跋剌底)·자가월라(遮迦越羅) 등으로 음역한다. 불교에서는 중요한 의미를 지닌 존재로 32상(相:신체의 특징)·7보(寶)를 갖추고, 무력에 의하지 않고 정법에 의해 세계를 정복·지배한 왕이다.

사상(四相)

불교에서 제일 싫어하고 미워하는 것이 사상四相이다. 이것만 없어지면 곧 부처이기 때문이다. 이 네 가지를 두고 "이것쯤이야" 하고 간단하게 생각하기 쉽다. 그러나 매우 끊기가 어렵다. 네 가지를 다 끊으려고 힘쓰는 것보다 먼저 한 가지만이라도 완전히 끊을 수 있다면 그 밖의 것은 자연스럽게 끊을 수 있다. 그렇다면 대관절 이 네 가지라는 무엇을 말하는 것이며 이렇게도 끊기 힘든 것일까? 한 번 살펴보기로 하자.

첫째, 아상我相이다.

불교에서는 나라는 존재는 오온五蘊, 즉 색수상행식色受想行識 이 다섯 가지로 구성되어 있다고 본다. 그러나 이 오온으로 이루어진 나라는 존재는 실체가 아닌데도 불구하고 나라는 것에 사로잡혀 이를 중심으로 생활해 나가기 때문에 여기에 강한 집착이 생겨나 탐진치 삼독이 일어나게 되고 오욕과 일체의 번뇌가 생겨난다. 이로 인해 일체의 악업惡業이 조성되어 윤회의 고뇌를 면할 수 없어 결국 부처의 길에서 멀어지게 된다. 그러므로 나라는 아상을 지워야 한다.

둘째는 인상人相이다.

나라는 것을 인식하게 될 때 남이라는 것은 으레 따라온다. 이는 마치 물체의 그림자와 같다. 물체가 있으면 그림자가 반드시 생긴다. 그러므로 나는 나, 너는 남이라는 분별의식 때문에 일체의 죄업과 망상이 일어나게 된다. 이것으로 인해 자기가 가진 지혜가 가려지게 되는 것이다. 그러므로 나와 너라는 분별심을 버려야 한다.

셋째는 중생상衆生相이다.

나는 고작 중생에 지나지 않는 못난 존재라는 열등의식을 말한다. 자기가 중생이라고 생각하면 중생이고, 부처라고 생각하면 부처이다. 자기를 비하하는 중생심을 가지고 살아간다면 위대한 성불의 길을 결코 걷지 못한다. 결국 중생이라는 관념에 사로잡혀 자신이 가진 밝은 본지本智를 제대로 보지 못하는 것을 의미한다.

넷째는 수자상壽者相이다.

사람은 누구나 '한세상 살면 그만인데' 하는 한계 의식을 가지고 있다. 이러한 의식 때문에 함부로 죄를 짓고 악업을 만들고 있는 것이다. 나라는 존재는 육칠십 년 살면 되는 그런 존재가 아니다. 육신은 한동안 쓰다가 던져 놓고 가야 되는 도구에 지나지 않지만 우리는 내생을 또 살아야 하는 존재이다. 다시 말해 삶에 대한 존재를 두고 시간적인 인식에 붙들려서도 안 된다는 말이다.

이와 같이 인간은 이 네 가지의 관념에 사로잡혀 모든 망상과 분별 또는 번뇌의 쇠사슬 속에 얽매어 올바른 지혜를 바로 찾지 못하기 때문에 사상四相을 벗어나야 한다. 사상四相을 가지게 되면 부처의 길은 그만큼 멀어지며 네 가지 상이 무너지면 반비례로 부처의 길은 그만큼 가까워진다.

제8장

사찰의 구조

사찰은 부처님의 가르침에 따라 불자들이나 수행자들이 불도佛道를 닦는 수행도량이자 불법을 널리 펴서 중생을 제도하는 전법傳法도량이다. 스님들은 사찰에 거주하여 수행정진하며 중생을 교화·제도하고 재가 불자들은 사찰에서 행하는 법회나 예불에 동참하면서 부처님 말씀으로 세속의 때를 씻고 올바른 진리의 삶을 추구하는 곳으로서 이른바 '마음의 때를 씻는 곳'이라 할 수 있다.

우리나라의 사찰 구조를 보면 대웅전을 중심으로 좌우측에 각 법당, 대웅전 앞에는 석등, 마당에는 탑, 정면에는 누각이 자리 잡고 있다. 대웅전과 누각 사이의 좌우측으로 요사 및 선원禪院·강원講院이 자리 잡고 있다. 사찰마다 건물 숫자가 많고 적음의 차이가 있으며 법당과 건물들의 위치가 바뀌어진 사찰도 간혹 있다.

사찰은 많은 대중들이 상주 생활하면서 매주 법회와 행사를 하는 곳이어서 가람伽藍이라고 하며 부처님이 상주하면서 불법의 도를 선양하고 구현하는 곳이라 하여 도량이라고도 한다. 우리나라에서는 흔히 절이라고 하며 때로는 정사精舍라고도 하는데 이는 깨끗한 집이라는 뜻이 담겨 있다. 인도 마가다국의 빔비사라왕이 지어 부처님께 기증한 죽림정사竹林精舍가 세계 최초의 절이며 고구려 소수림왕 때 지은 이불란사伊佛蘭寺가 우리나라 최초의 절이다. 일반적으로 사찰의 구조는 전각과 문으로 나눌 수 있다.

사찰의 전각(殿閣)

사찰의 건축물은 안에 모셔진 불상에 따라 그 이름이 다르다. 불보살이 모셔진 곳을 전殿이라고 하며 그 외에는 각閣이라고 부른다.

대웅전(大雄殿)

대웅보전大雄寶殿이라고도 한다. 석가모니 부처님을 주불로 모신 법당으로서 사찰의 중심 전각이다. '법력으로 세상을 밝히는 영웅을 모신 전각'이라는 뜻이 담겨 있는데 이것은 세상을 법으로 정복한 위대한 영웅이 바로 석가모니 부처님이라는 것에서 유래되었다.

본존불인 석가모니불의 좌우에 협시脇侍하는 분으로서 문수보살과 보현보살 또는 십대 제자 중 가섭존자와 아난존자를 모시기도 한다. 때론 삼세불三世佛이나 삼신불三身佛인 법신불, 보신불, 화신불을 모신다. 삼세를 통하여 불법으로 교화하는 삼세불은 현세의 석가모니불, 과거의 연등불, 제화갈라보살, 그리고 미래불인 미륵보살이다. 삼신불인 경우 석가모니불 좌우에 아미타불과 약사여래를 봉안하기도 하며 이때 격을 높여 대웅보전이라 부른다.

대적광전(大寂光殿)

본존불은 비로자나불로서 연화장세계의 교주이다. 진리의 빛이 가득한 대적정의 세계라고 하여 대적광전 혹은 대광명전大光明殿이라고도 한다. 대적광전은 화엄세계를 나타내기 때문에 화엄계통의 사찰은 이곳을 본전으로 여겨 화엄전이라 부른다. 때론 화엄세계의 주불인 비로자나불을 모신다는 뜻에서 비로전이라고 한다.

대적광전은 비로나자불을 중심으로 한 삼신불을 모시는데 법신불인 비로자나불, 보신불인 아미타불, 화신불인 석가모니불을 봉안한다. 그러나 선종 사찰의 경우에는 선종의 삼신설에 의하여 청정법신 비로자나불, 원만보신노사나불, 천백억화신 석가모니불을 봉안한다.

극락전(極樂殿)

극락정토의 주재자이며 극락세계를 건설하신 아미타불을 모신 법당이다. 왼쪽에는 관세음보살, 오른쪽에는 대세지보살이 모셔져 있다.

아미타불은 원래 임금의 지위와 부귀를 버리고 출가한 법장비구로서 보살이 닦는 온갖 행을 닦아 중생을 제도하겠다는 사십팔 대원 四十八大願을 세워 마침내 아미타불이 되었다. 광명은 끝이 없어 백

천억 불국토를 비추고, 백천억 겁으로도 셀 수 없는 한량없는 수명을 누린다고 해서 무량수전無量壽殿이라고도 한다. 주불의 이름을 따라 미타전彌陀殿이라고 불리는데 경북 영주의 부석사 무량수전이 유명하다.

약사전(藥師殿)

동방의 정유리광세계의 교주이신 약사유리광여래를 주불로 모시고 있는 법당이다. 현세 중생의 모든 재난과 질병을 없애 주고 고통에서 구제해 주는 현세이익적인 약사여래 부처님이다. 만월보전, 유리광전, 보광전이라고도 한다. 왼쪽에 일광변조日光遍照보살과 오른쪽에 월광변조月光遍照보살을 모시고 있다.

미륵전(彌勒殿)

미래에 오실 미륵 부처님을 모신 곳이다. 미륵불에 의해 새로이 펼쳐지는 불국토인 '용화세계'를 상징한다고 하여 용화전龍華殿이라고도 하며 '미륵'의 한문의역인 '자'씨를 붙여 자씨전慈氏殿이라고도 부른다. 왼쪽에 법화림法華林보살, 오른쪽에 대묘상大妙相보살을 모시고 있다. 전북 김제의 금산사 미륵전이 대표적이다.

나한전(羅漢殿)

석가모니 부처님을 주불로 모시고 오른쪽에 아난존자, 왼쪽에 가섭존자가 봉안되어 있다. 그 좌우에 16명의 나한이 있는데 나한상은 웃고, 졸고, 등을 긁는 등의 형상으로 되어 있다. 이것은 걸림이 없는 아라한들의 자유자재함을 나타내기 위해서이다. 나한전은 영산회상의 모습을 재현했다고 하여 영산전靈山殿, 혹은 진리와 완전히 합치한 분들을 모셨다는 의미에서 응진전應眞殿이라고도 한다.

　나한은 아라한과를 성취한 성인인 아라한의 약칭으로 번뇌를 남김없이 끊은 성자라는 뜻이다. 석가모니 부처님에게는 16명의 뛰어난 제자들이 있었는데 이들을 16나한이라 부른다. 때론 나한의 숫자가 500명인 경우도 있다. 이는 부처님이 열반하신 뒤 생전의 설법을 정리하기 위해 집회를 열었는데 그때 모인 비구의 수가 500명이었다는 데에서 유래되었다. 혹은 500결집이라고도 한다.

명부전(冥府殿)

지장보살地藏菩薩을 주불로 모시고 왼쪽에 도명道明존자와 오른쪽에

무독귀왕無毒鬼王을 위시하여 열 분의 대왕을 모신 법당이다. 지장보살을 봉안한 경우는 지장전地藏殿이라고도 하며 시왕十王을 모신 경우는 시왕전이라고 한다. 시왕은 지옥에서 죄의 경중을 재판하는 염라대왕을 비롯한 열 분의 왕이다. 지장보살은 지옥의 공간인 명부세계의 주존主尊이기 때문에 지장전을 명부전이라고 부르는 것이다.

팔상전(八相殿)

석가모니 부처님의 일생을 여덟 폭으로 나누어 그린 그림을 봉안한 곳이다. 팔상전은 여덟 폭의 그림이라는 뜻이다. 부처님의 설법 회상인 영산회상에서 유래하였다고 해서 영산전이라고도 하는데 불단佛壇 없이 벽에 팔상도를 봉안하는 것이 일반적

이다. 석가모니 부처님이 주불이며 좌우 협시로 제화갈라提華竭羅보살과 미륵보살을 봉안하고 있다.

여덟 개의 그림은 석가모니 부처님이 도솔천에서 어머니의 태態로 내려오시는 모습, 룸비니 동산에서 탄생하신 모습, 생·로·병·사를 고민하시는 모습, 성城을 넘어 출가를 하시는 모습, 설산雪山에서 고행하시는 모습, 보리수 아래에서 성도成道하신 모습, 녹야원에서 최초로 설법하시는 모습, 사라쌍수 아래서 열반에 드시는 모습을 담고 있다. 우리나라에는 충북 보은의 법주사 팔상전이 있으며 국보로 지정되었다.

관음전(觀音殿)

자비의 화신인 관세음보살님을 모신 곳으로 그 사찰의 주불전主佛殿일 때는 원통전圓通殿, 관세음보살을 모신 전각이 부불전副佛殿일 경우에는 관음전이라 부른다. 중생들의 간절한 염원의 소리를 관찰하여 들으시고 자유자

재하게 중생을 구제하는 관세음보살을 모신 법당이다. 관세음보살님이 모든 곳에 두루 원융통圓融通을 갖추고 중생의 번뇌를 소멸해 준다고 하여 원통보전圓通寶殿이라고도 한다.

보제루(菩濟樓)

대웅전을 마주 바라보는 위치에 세워진 건물로서 사찰에 따라 누각의 명칭이 각각 다르다. 법의 그물을 펴 중생을 구제하려는 염원이 담긴 곳으로서 중요한 불교법요식을 집행하는 곳이다. 사물四物을 안치할 종각이 없을 경우에는 사물을 안치하는 종각으로 겸용하기도 한다.

대개 이층의 다락집 형태로 되어 있고 요사채가 마당을 둘러싸고 있다. 뜨락을 중심으로 안정적인 구조를 이루지만 사찰의 본래 배치는 중앙에 금당이 자리 잡고 뒤로는 강당이, 앞에는 중문中門이 있는 형식을 취하고 있다. 그리고 이들을 회랑回廊이 빙 둘러서 연결하는 구조였다. 일반적으로 사찰의 대중이 많이 운집하고 불전 및 사물을 봉안한다.

대장전(大藏殿)

불교대장경을 보관하기 위해 만들어진 건물이다. 대장전이라는 편액을 단 곳은 경북 예천의 용문사 대장전과 전북 김제의 금산사 대장전이 있다.

적멸보궁(寂滅寶宮)

석가모니 부처의 진신사리眞身舍利를 모신 법당을 가리킨다. 법당 내에 부처님의 불상을 모시는 대신 진신사리를 봉안하고 있는 법당으로 바깥이나 뒤쪽에 사리탑을 봉안하고 있거나 계단을 설치하고 있다. 보궁의 기원은 석가모니 부처님이 깨달음을 얻은 후 최초의 적멸도량회寂滅道場會를 열었던 중인도 마가다국 가야성의 남쪽 보리수 아래 금강좌金剛座에서 비롯된다. 궁宮은 전殿이나 각閣보다 우위에 있다. 적멸보궁은 언덕 모양의 계단

戒壇을 쌓고 불사리를 봉안함으로써 부처가 항상 그곳에서 적멸의 법을 법계에 설하고 있음을 상징하던 곳이었다. 진신사리는 곧 부처와 동일체로, 부처 열반 후 불상이 조성될 때까지 가장 진지하고 경건한 숭배 대상이 되었으며 불상이 만들어진 후에도 소홀하게 취급되지 않았다. 우리나라는 643년 신라의 승려 자장慈藏대사가 당나라에서 귀국할 때 가져온 부처의 사리와 정골頂骨을 나누어 봉안한 5대 적멸보궁이 있다. 경남 양산 통도사通度寺, 강원도 오대산 상원사上院寺, 설악산 봉정암鳳頂庵, 태백산 정암사淨巖寺, 사자산 법흥사法興寺 적멸보궁이 이에 해당된다. 이들 5대 적멸보궁은 불교도들의 순례지이자 기도처로서 가장 신성한 장소로 신봉되고 있다.

조사전(祖師殿)

선종 사찰에서 그 종파를 연 조사祖師를 봉안한 절집이다. 조사당이라고도 한다. 조사전은 사찰 내의 가장 깊은 곳에 자리 잡고 있는데 일반적으로 조사전이 없는 절에서는 영각影閣을 짓고, 국사를 배출한 절에서는 국사전國師殿을 짓는다. 이것은 제자들이 스승이 가는 길을 따르고 있음을 증명하는 것이기도 하다.

  선종은 이심전심以心傳心의 심법에 의지하는 바가 크기 때문에 법을 전하는 스승이나 전해 받는 제자나 눈에 보이는 어떤 것이 아니라 서로 마음으로 깨달음의 정도와 경계를 증명하고 인증받아 법을 전한다. 이를 인가印可라 한다. 조사에 대한 존숭은 부도(浮屠 : 사리탑)를 세우고 탑비를 건립하는 외에 사찰 경내에 따로 전각을 지어 영정을 봉안하고 제의를 받들었다. 이렇게 조사를 존숭하기 위한 전각이 바로 조사전이다.

고려시대 16국사를 배출한 송광사가 국사전을 짓고 16국사의 영정을 모신 것이 그 예이다. 영각을 지은 사찰은 그곳에 이름 있는 선사의 영정을 모시고 제의를 받든다. 우리나라에서 가장 대표적인 조사전 건물은 국보 제19호로 지정된 부석사 조사당이다.

삼성각(三聖閣)

삼성각은 산신山神 · 칠성七星 · 독성獨聖을 함께 모시는 당우이다. 삼성 신앙은 불교가 한국 사회에 토착화하면서 고유의 토속신앙이 불교와 합쳐져 생긴 신앙 형태이다. 전각은 보통 사찰 뒤쪽에 자리하며, 각 신앙의 존상과 탱화를 모신다.

산신山神은 인격신으로서 나이 든 도사의 모습이다. 칠성은 수명장수신壽命長壽神으로 일컬어지는 북두칠성을 뜻하며, 본래 중국의 도교사상과 불교가 융합되어 생긴 신앙이다. 대개는 손에 금륜을 든 치성광여래熾盛光如來를 주존으로 하여 일광보살과 월광보살을 좌우에 협시로 둔다. 독성은 천태산天泰山에서 홀로 선정을 닦아 독성獨聖·독수성獨修聖이라 불린 나반존자那畔尊子를 일컫는다.

양산 통도사의 삼성각은 고려말의 3대 성승聖僧인 지공指空, 혜근慧勤:懶翁, 무학대사無學大師의 영정을 모시고 있다.

범종각(梵鐘閣)

범종을 보호하는 건물이다. 규모가 큰 사찰에서는 범종 외에 법고法鼓·운판雲版·목어木魚 등의 불전 사물을 함께 놓기도 하는 곳이다.

사찰의 문(門)

일주문(一柱門)

일주문은 절을 들어설 때 만나는 첫 관문으로, 일반적으로 양쪽에 기둥을 하나씩 세워 지붕을 얹어 놓았다. 절에선 일주문 밖을 속계俗界, 안을 진계眞界의 세계라고 한다. 스님들에게는 속계와 승계僧界의 경계이며 재가불자들에게 불계佛界와 속계의 경계라고 할 수 있다.

번뇌로 흐트러진 속세의 마음을 절에 들어설 때는 버리고 오직 하나로 모아 진리의 세계로 들어서는 것을 상징한다. 이는 불교의 일심一心 즉 모든 진리는 하나로 돌아간다는 뜻이며 모든 존재(정신적, 물질적)는 일심의 작용에 의하여 나타난다는 불교의 근본 진리를 상징하는 문이다.

파도와 바닷물이 두 개로 분리된 독립체가 아닌 것처럼 세계와 인생, 정신과 물질, 부처님과 중생, 사회역사와 불교, 너와 나 등 우주에 존재하는 모든 것이 일심동체一心同體로서 두 개로 분리된 존재가 아니라 하나이므로 일주문을 들어서면 일심에 귀의한다는 뜻을 담고 있다. 세속의 온갖 시비是非와 대립의 번뇌를 버리고 일주문에 들어서면 청정, 자유, 화합의 성스러운 경내가 시작된다.

사천왕문(四天王門)

불법과 불국 정토의 외곽을 맡아 지키는 외호신外護神인 사천왕四天王이 안치된 전각이다. 본래 사천왕은 고대 인도 종교에서 숭앙하였던 귀신들의 왕이었으나 석가모니 부처님께 귀의하여 부처와 불법을 지키는 수호신이 되었다. 사천왕들은 수미산須彌山 중턱 지점의 동서남북에서 그들의 무리와 함께 불법을 수호하고 인간의 선악을 관찰한다고 한다.

대개 일주문과 불이문의 중간에 위치하며, 좌우에는 금강역사金剛力士가 지키고 있다. 천왕문 안에 조각상을 만들어 세우기도 하며 금강역사만을 따로 안치한 금강문金剛門을 천왕문 앞쪽에 세우기도 한다. 동쪽을 지키는 지국천왕持國天王은 온몸에 동방을 나타내는 오행색五行色인 청색을 띠고 있으며, 왼손에는 칼을 쥐고 오른손은 주먹을 쥐어 허리에 대고 있거나 손바닥 위에 보석을 올려놓은 모습을 하고 있다. 남쪽을 지키는 증장천왕增長天王은 붉은빛을 띤 몸에 화난 듯한 눈을 가지고 있다. 오른손에는 용을 움켜쥐고 있으며 왼손에는 용의 입에서 빼낸 여의주를 쥐고 있다. 서쪽을 지키는 광목천왕廣目天王은 몸이 흰빛이며 웅변으로 나쁜 이야기를 물리친다는 것을 나타내기 위하여 입을 벌리고 있다. 붉은 관을 쓰고 갑옷을 입었으며 삼지창과 보탑을 들고 있다. 북쪽을 지키는 다문천왕多聞天王은 검은빛을 띠며 비파를 잡고 줄을 튕기는 모습을 하고 있다. 오늘날 천왕문은 사찰을 지키고 악귀를 내쫓아 청정도량淸淨道場을 만들고 사람들의 마음을 엄숙하게 하여, 사찰이 신성한 곳이라는 생각을 갖게 하기 위하여 세워졌다. 그러나 가장 큰 의미는 수행자의 마음속에 깃든 번뇌와 좌절을 없애 한마음으로 정진할 것을 강조하며 삼계三界인 '욕계, 색계, 무색계'에 속해 있는 욕계의 육욕천六欲天 중 제일천인 사왕천四王天에 거주하는 네 분의 신상神像을 모신 곳이다.

사천왕은 일찍이 부처님께 귀의, 불법을 전하는 도량과 불자들을 보호할 것을 서원하였는데 온갖 요망하고 삿된 것이 침범하지 못하도록 하는 파사현정破邪顯正이다. 우리나라는 일반적으로 천왕문 대문에 금강역사의 모습이 그려져 있는 것이 많은데, 전남 영광군의 불갑사佛甲寺 천왕문이 대표적이다.

불이문(不二門)

천왕문을 지나면 불이의 경지를 상징하는 불이문을 만난다. 불이란 부처와 중생, 생사가 모두 하나이며 즉 진리는 둘이 아니라는 뜻에서 유래되었다. 이 문은 사찰에서 본당에 들어서는 마지막 문으로 불이不二의 뜻을 알게 되면 해탈할 수 있으므로 해탈문解脫門, 또는 자하문紫霞門이라고도 한다. 본당에 들어서는 곳에 세운 것은 이곳을 통과해야만 진리의 세계인 불국토에 들어갈 수 있음을 상징적으로 보여 주기 위해서이다.

불교 우주관에 따르면 하늘에는 33천의 제석천왕帝釋天王의 도리천이 있는데 이곳은 불교의 28천 가운데 욕계欲界 6천의 제 2천에 해당하는 곳으로 여기에 해탈의 경지를 상징하는 불이문이 서 있다. 이 도리천은 위계상으로 볼 때 지상에서 가장 높은 곳에 있으며 하늘 세계에서 볼 때는 아래로 두 번째이다.

경주 불국사는 불이문의 사상을 가장 잘 나타내고 있다. 불이문에 해당하는 자하문에 도달하기 위해서는 청운교와 백운교의 33계단을 거쳐야 한다. 이 다리는 곧 도리천의 33천을 상징하기 위해 조형화한 것이다.

사찰의 기타 구조물

요사(寮舍)

요사는 경내의 전각과 문을 제외한 스님들이 거처로 사용하는 건물을 통상적으로 이르는 말로서 흔히 요사채라고도 한다. 생활공간과 선방기능을 함께 가지고 있는 요사는 큰방, 선방, 강당, 사무실, 후원부엌, 창고, 수각水閣, 해우소까지 모두 포함된다.

요사는 사용 방법에 따라 다양한 이름을 갖고 있다. 심검당尋劍堂은 지혜의 칼을 찾아 무명의 풀을 벤다는 뜻을 담고 있으며, 적묵당寂默堂은 말없이 명상하는 곳이라는 뜻이다. 해행당解行堂, 수선당受禪堂은 올바른 행을 닦고 참선하는 장소이며 설선당說禪堂은 참선과 강설을 하는 곳이다.

이 밖에 요사의 범주에 드는 것으로는 의식을 집전하는 노전爐殿이 있다. 이곳은 스님들이 향을 피워 예불을 거행하기 때문에 봉향각奉香閣, 일로향각一爐香閣이라고 한다. 또한 조실스님, 노장, 대덕스님들의 처소는 염화실, 반야실 등으로 불린다.

탑(塔)

사찰의 탑은 예배의 대상이자 그 자체가 불심佛心 혹은 부처를 뜻하는 상징적인 의미를 가지고 있다. 탑파塔婆·솔도파窣堵婆라고도 한다. 탑파는 팔리어語로 투파thūpa라고 하고 솔도파는 산스크리트인 스투파stūpa라고 한다. 스투파는 '신골身骨을 담고 토석土石을 쌓아올린, 불신골(진신사리)을 봉안하는 묘墓'라는 의미이며 탑파는 석가모니의 사리를 봉안하기 위한 축조물로서 비롯되었다고 하겠다.

미얀마와 유럽, 그리고 미국 등에서는 탑을 '파고다'라고 부른다. 불교 탑의 기원은 BC 5세기 부처님이 입멸하신 뒤, 제자들이 유해를 다비(茶毘: 화장)하고 남긴 사리를 여덟 나라의 국왕이 여덟 등분하여 각기 탑을 세우고 봉안한 데서 유래되었다. 이를 분사리分舍利 또는 사리팔분舍利八分이라고 한다. 사리신앙은 이때부터 비롯되었다.

특히 석가가 입멸하고 인도제국을 건설한 아소카왕[阿育王]은 신심이 매우 깊어 석가모니 사리를 안치한 분사리를 다시 발굴하여 8만 4000으로 나누어 전국에 널리 사리탑을 세웠다고 한다.

오늘날 스리랑카의 캔디사원에서는 석가의 치아를 봉안하고 있고, 인도의 탁실라 다르마라지카 대탑과 다른 곳에서는 지하에 큰 돌을 놓고 그 돌 밑에 돌항아리 모양의 사리용기舍利容器를 봉안하였다. 이를 볼 때 불사리佛舍利는 사당이나 수미단須彌壇 위에 봉안하거나 지하에 봉안하는 두 가지 방법이 있었음을 알 수 있다. 따라서 사리를 탑에만 봉안하지는 않았다.

그러나 불교가 널리 퍼지고 탑이 많이 세워짐에 따라 극히 한정된 불타의 진신사리로는 다 채울 수 없었다. 이후에는 석가의 머리카락[佛髮], 불타의 손톱[佛爪], 석가의 이[佛齒] 등을 봉안, 유물로써 석가를 상징하는 본존本尊으로 공양하기도 하였다.

중국은 벽돌로 된 전탑塼塔, 한국은 석탑石塔, 일본은 목탑木塔이 발달하였다. 중국을 거쳐 4세기 후반에 들어온 한국은 불탑 또한 인도에서 직접 전해진 것이 아니라 중국을 거쳐 그 기술을 습득하였다. 한국의 초기 불탑은 고구려의 평양 청암리사지 목탑지淸岩里寺址木塔址, 백제의 부여 군수리사지 목탑지軍守里寺址木塔址, 신라의 경주 황룡사 9층목탑지皇龍寺九層木塔址 등이다. 삼국시대에는 석탑이 건립되었다.

전북 익산군 미륵사지彌勒寺址의 다층석탑과 부여의 정림사지 5층석탑의 2기二基를 들 수 있다. 오늘날에 전래하는 이들 백제 석탑은 모두 한국 석탑의 조형으로서, 그에 앞서서 유행하였던 목탑을 본받아 건립되었다.

석등(石燈)

사원寺院 경내나, 능묘·정원 등에 불을 밝히기 위해 만들어 두는 등기燈器물로서 후대에 이르러 가람배치의 기본 건축물로 변천하였다. 묘 앞에 두는 것을 장명등長明燈이라 한다.

최고最古는 백제 때에 건립한 전북 익산시益山市의 미륵사지彌勒寺址 석등이다. 통일신라시대에 많이 건립된 석등의 기본양식은 하대석下臺石 위에 간주인 중대석을 세우고 그 위에 다시 상대석上臺石을 놓아 화사석을 받치고 그 위를 옥개석屋蓋石으로 덮어 평면이 8각으로 조성되어 있다. 국보로는 충북 보은報恩의 법주사 쌍사자석등法住寺雙獅子石燈이 있다.

부도(浮屠)

고승의 사리를 모신 묘탑으로서 조사 숭배를 중시하는 선종의 발달과 더불어 많이 세워졌다. 부도는 탑과 같이 사리를 봉안한다는 점에서 같지만 그 모습은

많이 다르다. 주로 부도는 사찰 경내 주변이나 외떨어진 곳에 자리하고 있다. 부도를 모신 곳을 부도전이라 한다.

일반적으로 부도에는 탑비가 세워져 있다. 이는 곧 스님들의 삶의 행적과 사적寺蹟, 나아가 당시의 사회 및 문화의 일단까지도 알리는 귀중한 사료史料가 된다.

법당의 구조

법당은 상단, 중단, 영단의 세 가지 구조로 되어 있다. 상단은 부처님상과 보살상을 모시고 있고 중단은 불법을 수호하는 호법 신장을 모신다. 영단은 영가를 모시고 있다.

상단(上壇)

법당의 앞쪽 정면에 설치한 단이다. 중앙에 불상과 보살상을 모신다고 하여 상단을 불보살단佛菩薩壇이라고 하고 이를 줄여 불단이라고 한다. 주로 상단에는 그 절의 부불과 후불탱화를 모시고 있다.

중단(中壇)

호법 신장을 모신 단이다. 신장단·중장단으로 부른다. 중단에는 제석천, 사천왕, 대범천 등의 천상天上의 성중과 천·용·야차·건달바·아수라·긴나라·가루라·마후라가 등 팔부신장을 모시고 있다.

천은 불교의 호법신, 야차는 인도의 불가사의한 힘을 가진 존재, 건달바는 하늘의 별자리를 관장하는 신, 아수라는 불교의 선신善神들의 적敵, 가루라는 인도신화에 나오는 상상의 새, 긴나라는 인도신화에 나오는 음악의 신, 마후라가는 배와 가슴으로 기어 다니는 대흉복행大胸腹行의 신을 뜻한다.

영단(靈壇)

영가들의 위패를 모신 단상이다. 아미타여래영도와 감로탱화를 후불탱화로 모시고 있는데 하단下壇이라고 한다.

불교 의식 법구

불교 의식 시에 사용하는 모든 물건을 법구라고 한다. 『삼국유사』에 자장慈藏이 당나라에서 당幢, 화개, 번幡 등을 들여왔다고 기록되어 있어 중국으로부터 전래된 것이다. 법구는 사찰의 일상의식에 쓰이는 의식 용구와 법당을 장엄하게 장식하는 장엄 용구로 나뉜다. 쓰임새에 따라 여러 가지 형태를 가지며 재료로는 나무, 금속, 옥, 도자기 등이 주로 사용되었다. 의식 용구는 범종梵鐘, 법고法鼓, 목어木魚, 운판雲版, 목탁, 요령, 죽비, 염주, 발우, 향로, 다기, 촛대, 금강저金剛杵, 불자拂子 등이 있다.

범종(梵鐘)

불교 초기에는 대중에게 시간을 알리는 기구로 사용되었다가 점차적으로 불교 의식에 사용되는 중요한 법구가 되었다. 범종의 신앙적 의미는 종소리를 듣는 순간, 번뇌로부터 벗어날 수 있다고 믿는 데 있다. 따라서 종소리를 듣고 법문法門을 듣는 사람은 생사의 고해苦海를 넘어 불과佛果를 얻을 수 있다고 한다. 아침, 저녁 예불 시에 범종을 치는 것은 지옥중생들의 고통을 소멸시킨다는 종교적 의미를 지닌다.

법고(法鼓)

부처님의 설법은 마치 북소리가 울리듯이 대천세계 곳곳에 있는 중생의 마음을 진동시킨다는 데에 그 깊은 의미가 담겨 있다. 아침, 저녁 예불 시에 북을 치면 가죽을 덮어 쓴 축생들이 구제된다는 종교적 의미도 지니고 있다.

목어(木魚)

나무를 잉어 모양으로 깎아 속을 파내고 그 속을 두드려 소리를 내는 법구이다. 염불·독경·예불·공양하거나 대중을 모을 때에 신호로도 사용하였다. 그 이후 사찰의 행사나 예불, 불교 의식 등에 사용되었는데 몸집은 물고기이지만 머리는 용의 형상을 한 용두어신龍頭魚身으로 변화하였다.

 목어가 처음 물고기 모양으로 만들어진 것은 전설에 의하면 '어느 날 스님이 배를 타고 바다를 지나갈 때, 한 마리의 물고기가 나타나 전에 지었던 죄를 참회하며, 등에 자란 나무를 없애 주기를 애걸하

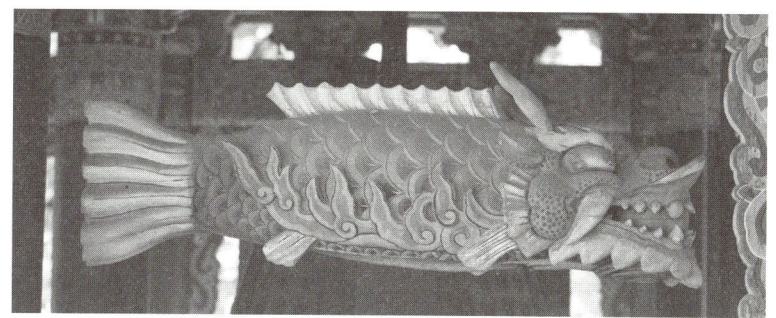

므로, 스님이 수륙재水陸齋를 베풀어 물고기 몸을 벗게 하고 그 나무로써 물고기 모양을 만들어 달아 놓았다'고 하는 데서 전해진다. 아침, 저녁 예불 때에 목어를 치면 물에 사는 중생들과 수중水中에 잠든 고혼孤魂들이 구제된다는 종교적인 의미를 지닌다. 또한 물고기가 잠잘 때 눈을 뜨고 있듯이 잠자지 말고 부지런히 수행한다는 경책警策의 의미를 나타내기도 한다.

운판(雲版)

청동을 구름처럼 주조한 법구로서 아침, 저녁 예불 때에 운판을 치면 허공에 날아다니는 중생과 허공에 떠도는 무주고혼無主孤魂이 구제된다는 종교적인 의미를 지닌다. 때론 공양시간을 알리는 도구로 사용되기도 한다.

목탁(木鐸)

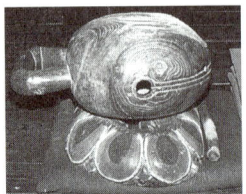

목어가 변형되어 만들어진 것으로서 예불 및 모든 불교 의식과 염불, 독경할 때에 사용되며 또는 대중의 모임을 알릴 때 쓰이기도 한다.

요령(搖鈴)

본래는 밀교의 법구였다. 차츰 널리 퍼져 불공, 제사 등 모든 불교 제례의식에 사용되었다. 남방 불교인 인도, 태국, 미얀마에서는 찾아볼 수 없고 북방 불교인 중국, 한국에서만 사용된다.

죽비

불교 선원禪院에서 수행자를 지도할 때 사용하는 통대나무로 가운데를 갈라 만든 법구이다. 죽비자竹篦子라고도 한다. 좌선할 때 입선入禪과 방선放禪의 신호로 사용되며, 예불, 입정入定, 참회, 공양, 청법請法에 이르기까지 죽비 소리에 맞추어 대중이 행동을 통일하게 되어 있다. 중국의 선림禪林에서 유래되어 이후 한국으로 전해진 것으로 추측된다. 중국 선가에서는 죽비가 화두의 역할도 하였다. 문 없는 수행처인 '무문관無門關'에서 수산성념首山省念 선사는 죽비를 들어 대중에게 보이며 "그대들이 만약 이것을 죽비라고 불러도 어긋나고 죽비라고 부르지 않아도 어긋날 것이다. 그대들은 얼른 말해 보라. 이를 무어라 하겠는가." 이에 대해 무문혜개無門慧開 선사는 '죽비를 죽비라 불러도 안 되고 부르지 않아도 안 되는 이치를 알면 자유로울 수 있다'고 송頌을 읊었다. 선가에서 좌선할 때 경책사가 수행자의 어깨 부분을 내리쳐서 졸음이나 자세 등을 지도하는 데 쓰는 장척長尺을 장군죽비라고도 한다. 특히 공동체로서의 생활 질서는 엄격해야 하므로 '법의 대화가 아니면 침묵을 지키라'고 하신 부처님의 가르침을 존중하라는 깊은 뜻이 담겨 있는 중요한 법구이다.

염주(念珠)

염불이나 참회 시에 쓰는 법구로서 보리수 열매(나무를 구슬처럼 깎아 만들기도 함)를 꿰어 만들었다. 백팔번뇌를 뜻하는 백팔염주를 표준으로 하여 일천염주, 삼천염주, 일만염주가 있다.

또는 여덟 개나 스물하나(일정치는 않음)로 만든 것을 단주短珠라 하고 손목에 차는 작은 염주를 합장주合掌珠라 한다. 염주의 출처는

『불설목환자경』에 번뇌와 업보의 장애를 소멸하고자 하는 자는 목환자(나무열매) 백여덟 개를 무수히 돌리면서 '나무불, 나무법, 나무승' 하고 삼보를 염송하면 모든 번뇌와 업보의 속박으로부터 해탈하게 된다는 내용이 나와 있다.

발우(鉢盂)

적당한 양을 담는 그릇이라는 뜻으로 절에서 스님들이 소지하는 밥그릇이다.

발다라鉢多羅의 음역을 발우, 의역하여 응량기應量器라 한다.

석가모니 부처님은 성도成道 이후 7일간 아무것도 먹지 않아 두 사람의 상주商主가 음식물을 올렸는데 그때 석가모니 부처님은 과거 여러 부처님들이 그릇에 먹을 것을 받았다는 사실을 알고 있었고, 그것을 안 사천왕이 각각 알나산정頞那山頂의 돌 속에서 자연의 그릇을 얻어 부처님께 바치자, 4개의 그릇을 왼손 위에 놓고 오른손을 그 위에 얹으니 신통력에 의해 하나의 그릇으로 변했다고 한다. 발우에는 쇠를 부어 만든 철발우鐵鉢盂와 옹기로 만든 와발우瓦鉢盂, 나무를 파서 만든 목발우木鉢盂가 있다.

향로(香爐)

불보살님 전에 향을 피우는 법구로서 여러 가지 모양이 있다. 향은 모든 악취를 소멸하게 하고 심신을 쇄락灑落하게 한다 하여 몸과 마음을 청정하게 하는 계율을 상징한다. '계의 그릇戒器이 튼튼해야 선정의 물인 정수定水가 고인다'고 하신 부처님 말씀이 있다. 언제나 몸, 마음, 도량을 정결하게 한 후 계의 향을 불보살님 전에 공양하는 지극한 마음으로 향을 올려야 한다.

다기(茶器)

불보살님 전에 맑은 물로 끓인 차茶를 공양하는 법구로서 북방 불교인 중국, 한국, 일본에서만 주로 사용한다. 차는 모든 번뇌의 열을 식히고 심신을 편안하게 한다. 부처님은 '선정의 물이 맑아야 지혜의 달이 비친다'고 하셨듯이 언제나 몸과 마음을 맑게 안정시킨 후

선정의 차를 불보살님 전에 공양하는 지극한 뜻으로 청정한 차를 공양해야 한다.

촛대(燭臺)

불보살 전에 촛불을 켜는 법구로서 여러 가지 모양이 있다. '촛불은 칠흑 같은 어둠을 밝힌다'고 하여 무명을 소멸하게 하는 지혜를 상징한다. 부처님은 '혜월慧月지혜의 달이 밝아야 법의 이치를 달관하게 한다'고 하셨듯이 언제나 고요하고 밝은 지혜의 촛불을 불보살님 전에 공양하는 지극한 뜻으로 촛불 공양을 올려야 한다.

금강저(金剛杵)

스님들이 불도를 닦을 때에 쓰는 도구인 방망이이다. 쇠나 구리로 만들고, 그 양끝을 한 가지로 만든 것을 독고獨鈷, 세 가지로 만든 것을 삼고三鈷, 다섯 가지로 만든 것을 오고五鈷라고 한다. 저杵는 본래 인도 무기의 하나인데, 금강저는 밀교에서 인간 번뇌를 부숴 버

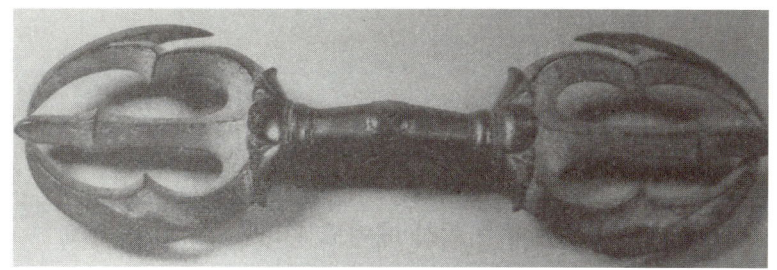

리는 보리심菩提心의 상징이 되었다. 그러므로 이를 지니지 않으면 불도 수행을 완수하기 어렵다고 믿었다.

불자(拂子)

수행자가 마음의 티끌과 번뇌를 털어 내는 상징적 의미의 법구이다. 불진拂塵이라고도 한다. 짐승의 털이나 삼[麻] 등을 묶어서 자루 끝에 맨 것으로 원래는 벌레를 쫓는 데 쓰이는 생활용구였다.

불가佛家에서는 흰 말의 꼬리털로 만든 백불白拂을 귀하게 여기며 조사祖師의 영정에 지물로 그리는 경우가 많다. 불자를 지물持物로 삼는 뜻은 신상의 악한 장애나 환란을 없애기 위해서라고 한다. 중국에서는 선종의 장엄구로 쓰였으며 전법의 증표로도 사용되었다.

불상(佛像)과 수인(手印)

불상

불상은 붓다Buddha:佛陀의 형상을 회화·조각 등의 조형 형식으로 표현한 것이다. 여기에서 불佛은 여래如來를 가리키므로 불상은 곧 여래의 상像을 의미한다. 넓은 의미에서는 보살상菩薩像·신장상神將像도 불상이다.

불상의 시초에 대해 『증일아함경增一阿含經』에 보면 석가 재세 시에 코삼비국[憍賞彌國]의 우전왕優塡王과 코살라국[拘薩羅國]의 파사익왕波斯匿王이 불상을 만들었다고 되어 있지만 불멸 후 약 500여 년간은 불상이 조성되지 않은 무불상시대無佛像時代이기 때문에 확실하지는 않다. 이 시대의 예배 대상은 탑·보리수·금강보좌金剛寶座 등의 상징적인 대용물이었다. 본존불本尊佛은 한 종파나 사찰의 불상 가운데에서 가장 중심이 되는 불상을 말하는데 예를 들면 석가모니불·아미타불·비로자나불·미륵불·약사여래 등이 있다.

불상의 종류에는 여래상, 보살상, 신장상, 나한상, 조사상 등이 있으며 여래상은 나발螺髮 중 소라 모양으로 된 머리카락을 하고 있으며 보살상은 머리에 보관寶冠을 쓰고 있는데 지장보살상은 예외이다. 또한 보살상은 천인이 있는 옷인 천의天衣를 입고 있으며 목걸

이·귀걸이 등의 장신구를 하고 있는 것이 특징이다. 신장상은 무기로 무장한 모습이며 조사상은 고승의 모습이다.

　불상은 그 형식에 따라 단독상·삼존상三尊像·병좌상竝坐像으로 나누어지고 자세에 따라 입상, 좌상, 와상, 유행상遊行像으로 나누어진다. 좌상은 결가부좌·반가부좌·의좌 등이 있다.

불상의 종류

여래상

여래상如來像이란 석가여래상의 준말로 불교의 창시자인 석가모니를 형상화한 불상을 통칭한다. 여래상은 좌우보처의 협시보살과 수인의 모습에 따라 구분된다. 때론 사찰마다의 법당 명칭을 기준으로 달라진다. 여래는 소승불교시대에서는 석가모니 부처님을 가리키지만 대승불교시대에 와서는 통상적으로 수많은 부처님을 가리킨다. 이때부터 불상의 형태도 매우 다양해졌다. 그러나 그 상相만 다를 뿐, 32상相과 종호種好는 같아 손모양 등을 제외하고는 거의 흡사하다. 불상의 정수리에 솟아 있는 모양의 혹인 육계肉髻와 불상의 눈썹 사이에 난 흰 터럭인 백호白毫가 있고 법의法衣를 입고 있으나 장엄구莊嚴具는 없다. 육계는 불정佛頂 혹은 무견정상無見頂相·정계라고도 한다. 부처 32길상의 하나로서 보통 부처의 머리 위에 혹과 같이 살[肉]이 올라온 것이나 머리뼈가 튀어 나온 것으로 지혜를 상징한다.

부처님의 32길상吉相

1. 정수리에 육계가 있다.
2. 소라 같은 검푸른 머리카락이 오른쪽으로 돌아 오른다.
3. 이마가 넓고 평평하며 바르다.
4. 양 미간 사이에 1장 5척의 털이 나 있다. 부처의 여러 길상 중 가장 공덕이 큰 것.
5. 속눈썹이 소의 눈썹처럼 길고 정연하다.
6. 눈동자는 푸른 연꽃 같고 감청색이다.
7. 마흔 개의 이[齒]가 있다.
8. 이가 빽빽하고 가지런하다.
9. 이가 군도화軍圖花처럼 희다.
10. 음성은 대범천왕 같다.
11. 맛 중에서 가장 좋은 맛을 얻는다.
12. 혀가 부드럽고 얇다.
13. 두 볼의 통통함이 마치 사자와 같다.
14. 두 어깨가 둥글고 원만하다.

15. 몸의 길이가 14뼘이다.
16. 상반신이 단정하여 사자왕의 가슴 같다.
17. 네 개의 어금니가 희다.
18. 피부가 부드럽고 곱고 매끄러우며, 전신이 미묘한 금색으로 빛난다.
19. 몸이 바르고 곧다.
20. 몸을 바로하였을 때 손을 내리면 무릎에 닿는다.
21. 신체 각 부분이 원만해서 니구타尼拘陀나무와 같다.
22. 모공마다 정연한 털이 있다.
23. 체모體毛가 오른쪽으로 말려 오른다.
24. 음경이 있다.
25. 넓적다리가 정연하고 길다.
26. 창자가 이니사슴왕[伊尼鹿王] 같다.
27. 복사뼈가 둥글며 발가락이 가늘고 길다.
28. 발등이 불룩 솟아올라 있다.
30. 손·가락과 발가락 사이에 모두 갈퀴가 있다.
31. 손발바닥에는 가운데에 정연한 바퀴 모양이 있는데 천 개의 빛나는 바퀴살이 있다.
32. 발뒤축이 넓고 평평하며, 발바닥이 땅에 꼭 붙어 있다.

석가모니불상

가사는 우견편단의 모습으로 오른쪽 어깨를 드러내고 있다. 항마촉지인·선정인·전법륜인 등의 수인을 하고 있으며 협시로는 문수보살·보현보살 또는 가섭존자·아난존자가 있다.

아미타불상

아미타불은 대승불교에서 서방정토西方淨土의 극락세계에 머물면서 법法을 설한다는 부처이다. 단독상과 삼존상이 있고 가사를 양 어깨에 걸친 통견의 모습인데 좌우 협시는 관세음보살과 대세지보살이다. 때론 사찰에 따라 관세음보살과 지장보살을 모시기도 한다. 수인은 아미타정인阿彌陀定印과 구품인九品印이다.

┃석가모니불상

┃아미타불상

비로자나불상

비로자나불은 부처님의 진신眞身인 법신불法身佛로서 광명光明의 부처님이다. 법신은 빛깔이나 형상이 없는 우주의 본체인 진여실상眞如實相을 의미한다. 천엽연화千葉蓮華의 단상에 결가부좌를 하고 앉아 왼손의 집게손가락을 펴서 오른손으로 감싸 쥐고 오른손의 엄지손가락과 왼손의 집게손가락을 서로 맞대는 손모양이다. 천엽은 100억 국토를 표현한 것으로 이 부처님이 있는 세계의 광대  장엄함이 헤아림이 없음을 조형화한 것이며, 연화는 우주의 만물을 모두 간직하고 있는 연화장세계蓮華藏世界를 의미하는 것으로 이 연화장세계의 교주는 곧 3천대천세계의 교주로서 우주 전체를 총괄하는 부처이다.

좌우 협시로는 노사나불과 석가모니불, 또는 아미타불과 약사여래 등 삼존불과 함께 다섯 부처님을 모시고 있다. 때론 문수보살과 보현보살을 협시로 모시기도 한다. 수인은 지권인을 하고 있다.

미륵불상

대승불교의 대표적 보살 가운데 하나로, 석가모니불에 이어 중생을 구제할 미래불이다. 석가모니불이 입멸한 뒤 56억 7천만 년이 되는 때에 다시 사바세계에 출현하여 모든 중생을 교화한다고 한다. 부처의 업적을 돕는다는 뜻에서 '보처補處의 미륵'이라 하며, 현겁 천불 가운데 제5불에 해당하는 부처님이다. 대부분 전각 밖에 따로 모시는 불상이다. 시무외인 또는 여원인 등의 수인을 하고 있다.

약사여래상

약사여래는 동방의 정유리세계淨琉璃世界에 교주로 머물고 있으며 중생을 모든 병고에서 구하고, 무명無明까지도 치유하여 깨달음으로 인도하는 부처님이다. 과거에는 보살로서 수행할 때에 12가지 서원誓願을 세웠다. 질병 치료, 수명 연장, 재화 소멸, 의복과 음식 등을 구족하고자 하는 부처님으로서 왼손에는 약병·약함을 들고, 오른손은 시무외인을 하고 있으며 좌우 협시로는 일광변조 소재보살과 월광변조 식재보살을 모신다. 경전에서는 병을 고쳐 주는 위대한 부처라는 뜻으로 '대의왕불大醫王佛'이라고도 부른다.

보살상

보살이란 산스크리트어 보디사트바의 음사音寫인 보리살타菩提薩陀의 준말로서 깨달음·지혜·불지佛智라는 의미이다. 보살의 정의定義는 '보리를 구하고 보리를 증득證得할 것이 확실한 사람', '구도자求道者' 또는 '지혜를 가진 사람', '지혜를 본질로 하는 사람' 등으로 풀이할 수 있다. 때론 보살은 구도자로서의 석가를 지칭하는데 석존이 연등불로부터 불타가 될 것이라는 예언을 받았다는 연등불수기를 계기로 하여 석가를 깨달음을 구하는 사람, 즉 보살이라 일컫게 된 것이다.

이후 보살은 출가出家 비구比丘에 국한되지 않고 누구든지 성불成佛의 서원誓願을 일으켜 보살의 길로 나아가면 그 사람이 바로 보살

▎미륵불상　　　　▎약사여래상　　　　▎관세음보살상

이며, 장차 성불成佛할 것이라는 이른바 '범부凡夫의 보살사상'이 생겨났다. 그러므로 왕·대신·직업인·금수禽獸도 보살이 될 수 있다. 이후 보살사상은 공空 사상과 결합하여 하나의 절대적 경지에 이르렀으며, 육바라밀六波羅蜜·사무량심(四無量心:慈·悲·喜·捨)무생법인無生法忍 등의 실천을 근간根幹으로 대승불교의 기본적인 축軸이 되었다.

일반적으로 보살상은 머리카락을 늘어뜨리고 천의와 장엄구를 걸치고 있으며 보관寶冠을 쓰고 온화한 모습을 하고 있는 것이 특징이다. 단독상도 있으나 거의가 협시상이다. 보살상은 입상立像과 좌상坐像이 있고 좌상 중에도 가부좌상, 의상, 반가부좌상 등이 있다. 대개 보살은 여래상의 좌우보처이기 때문에 여래상을 보고 알 수 있다. 손에 든 물건이나 보관의 형태에 따라서도 구분할 수 있다.

관세음보살상

산스크리트어로 아바로키테슈바라Avalokiteśvara이며, 중국에서 뜻으로 옮겨 광세음光世音·관세음觀世音·관자재觀自在·관세자재觀世自在·관세음자재觀世音自在 등으로 썼는데 줄여서 관음觀音이라 한다. 곧 자재롭게 보는 이로 관자재자觀自在者을 뜻한다. 한국에서는 일찍부터 관세음보살로 신앙되어 왔으며 관음보살이라 약칭하였다. 관세음觀世音은 세상의 모든 소리를 살펴본다는 뜻이며, 관자재觀自在는 이 세상의 모든 것을 자재롭게 관조觀照하여 보살핀다는 뜻이다. 관세음보살은 대자대비大慈大悲의 마음으로 중생을 구제하고 제도하는 보살이다. 그러므로 세상을 구제하는 보살인 구세보살救世菩薩, 세상을 구제하는 청정한 성자인 구세정자救世淨者, 중생에게 두려움 없는 마음을 베푸는 시무외자施無畏者, 크게 중생을 연민하는 마음으로 이익 되게 하는 대비성자大悲聖者라고도 한다. 관세음보살은 인도의 남쪽에 있는 보타락산補陀落山에 머문다고 알려져 있다. 보관의 중앙에 아미타불의 화현을 모시고 있으며 연꽃·감로수병 등을 손에 들고 있다. 수월관음보살水月觀音菩薩, 백의관음보살白衣觀音菩薩, 십일면관음보살十一面觀音菩薩, 천수관음보살千手觀音菩薩 등의 형태로 조성되어 있다.

문수보살상

대승大乘불교에서 최고의 지혜를 상징하는 보살로서 주로 왼손에 연꽃을 들고 사자를 타고 있는 형상이다. 문수사리文殊師利·만수시리滿殊尸利 또는 만수실리曼殊室利 등으로도 불린다. 문수와 만수는 '묘妙', 사리·실리는 '두頭·덕德·길상吉祥'을 뜻하며 이는 지혜가 뛰어난 공덕이라는 말이다.

문수보살은 석가가 열반하신

후 인도에 태어나 '반야般若'의 도리를 선양하여 반야지혜의 상징으로 알려져 있고 『반야경般若經』을 편찬한 보살이다. 비로자나불毘盧遮那佛의 협시보살脇侍菩薩로서 보현보살普賢菩薩과 더불어 삼존불三尊佛의 일원이다. 한국에서는 강원도 오대산에 있다고 하여 상원사上院寺는 문수보살을 주존主尊으로 모시고 있다.

보현보살상

석가모니 부처님의 이理 · 정定 · 행行의 덕德을 맡아 대자비의 실천행을 상징하는 보살로서 석가모니 부처님이 중생을 제도하는 일을 돕는다. 또한 중생들의 수명을 연장하게 하는 덕을 지녀 보현연명보살이라고도 한다.

문수보살과 함께 모든 보살의 으뜸이며, 형상은 여러 가지가 있

│보현보살상

│지장보살상

다. 6개의 엄니[牙]가 난 흰 코끼리를 탄 모양, 연화대에 앉은 모양의 두 종류가 있다. 석가여래를 협시하는 경우에는 오른손을 여의如意, 왼손을 여인與印으로 결인結印한다.

지장보살상

지장보살은 대비원력大悲願力을 상징하는 보살로서 석가모니 부처님이 열반하신 뒤 미륵불이 출현할 때까지, 모든 중생을 지옥의 고통으로부터 구제하여 극락으로 인도하는 자비의 상징이다. 삭발한 머리에 두건을 두르고 있으며 손에 육환장을 들고 있다. 이 육환장 꼭대기에 아미타불의 화현을 모시고 있다.

천부신장상

천부신장은 불교에 귀의한 인도 재래의 신들이다. 이들은 부처님과 불교를 지켜 주기 위해 호법 신장이 되었다. 온화한 모습을 한 귀족 또는 장군들의 모습, 혹은 그들이 진노하는 모습 등 갖가지 형상들을 하고 있다. 인왕상仁王像, 사천왕상四天王像, 제석천상帝釋天像 등 각종 명왕상明王像이 있다.

나한상과 조사상

나한은 아라한阿羅漢의 준말로서, 소승小乘의 교법敎法을 수행修行하는 성문聲聞 사과四果의 가장 윗자리이다. 일반적으로 부처님의 상수제자인 가섭존자와 아난존자 등 훌륭한 아라한들을 조성한 것이 나한상인데 가섭존자·아난존자 등 십대 제자를 중심으로 16나한·오백나한·천이백나한 등이 있다.

  조사祖師란 한 종파를 세워서, 그 종지宗旨를 펼친 사람을 높여 이르는 말이다. 한 종파의 큰 스님을 조각한 것을 조사상이라고 한다. 우리나라의 조사상은 용수·무착·세친·현장·원효·자장·달마·보조선사 등 셀 수 없이 많다.

수인(手印)

수인은 불佛·보살이 깨달은 진리나 서원 등의 덕을 손가락을 이용하여 여러 가지 모양으로 나타내 보이는 외상外相을 말한다. 구체적인 표상을 인계印契·밀인密印·수인手印이라고도 하며, 또는 인印이라고도 한다. 수인은 불교의 교리상 매우 깊은 의미가 있으며 불상을 구분하는 데 가장 중요한 기준이 되므로 불상을 제작할 때 다른 불상의 수인을 하거나 그 형태를 함부로 바꾸는 것은 잘못이다.

  넓은 의미에서 보면 인상에는 유상有相과 무상無相의 두 가지가 있는데 유상은 색·형·모양 등을 구체적으로 나타낸 것이고, 무상은 일거수일투족이 바로 본래의 뜻에 합치되는 것을 말한다.

  이 중 유상에서 손가락으로 나타내는 것을 수인이라 하는데 이것은 제불諸佛의 상징이다. 수인의 종류는 석가모니 부처님의 근본 5인, 아미타 부처님의 구품인九品印, 비로자나 부처님의 지권인智拳印

아미타 구품인
아미타불이 중생의 신앙심이나 성품의 깊이에 따라 9등급으로 나누어 교화하여 구제한다는 뜻이다.

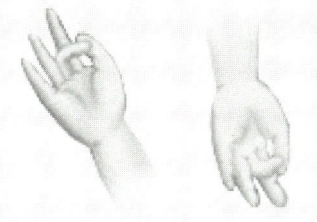

시무외인 · 여원인
어떠한 두려움도 없애주고 어떤 소원도 다 들어준다는 뜻으로 모든 부처가 취할 수 있다.

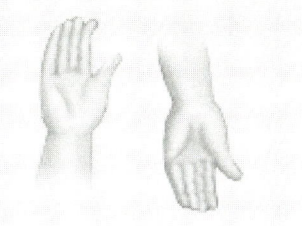

지권인
비로자나불이 짓는 손갖춤으로 이치와 지혜, 중생과 부처, 미혹과 깨달음은 본래 하나라는 뜻이다.

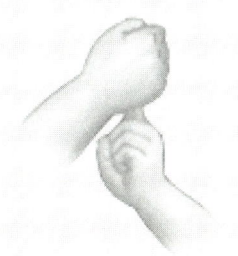

선정인
참선할 때 짓는 손갖춤으로 모든 부처가 취할 수 있다.

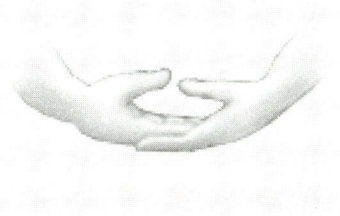

항마촉지인
석가모니불이 온갖 번뇌를 물리치고 도를 깨닫는 순간에 짓던 손갖춤이다.

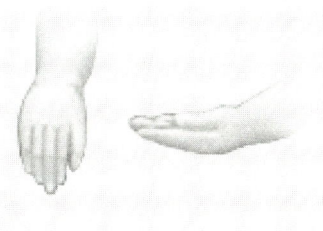

전법륜인
진리의 수레바퀴를 굴린다는 뜻으로, 석가모니가 불교의 진리를 전도할 때의 손갖춤이다.

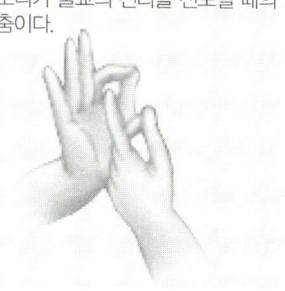

등 매우 다양하다.

　아미타 부처님의 수인은 좌선 상태에서 양손의 검지를 구부려 손가락 끝을 붙이되, 검지손가락 등 쪽이 서로 맞닿도록 하는 상품상생인 등 아홉 가지가 있다. 이것이 구품인九品印인데 극락정토에 왕생하는 아홉 가지 차별을 뜻한다. 상품·중품·하품을 각각 상·중·하로 세분하였다.

　또한 관음의 연화蓮華, 문수의 이검利劍 등을 계인契印이라고 한다. 수인의 종류는 종파와 모양에 따라 시무외인施無畏印·시원인施願印 또는 시여인施輿印·촉지인觸地印 또는 항마인降魔印·전법륜인轉法輪人·유종권인六種拳人·십이합장인十二合掌人 등이 있다.

광배(光背)와 대좌(臺座)

부처님의 몸에서 나는 신령스러운 광명光明을 상징한다. 곧 부처님의 위대함을 드러내는 광배는 불상이나 불신佛身의 배후에 둥그렇게 표현된다. 시대와 지역, 혹은 불보살의 종류에 따라 그 형태가 다르다. 빛이 머리에만 비치는 두광頭光·원광圓光, 몸 전체에 두루 비치는 신광身光이 있다. 대표적인 광배로는 도갑사 석조여래좌상, 국립중앙박물관 연가칠년명금동여래입상이다.

　대좌는 주로 연꽃으로 장식하는데 불·보살상이나 조사상이 앉은 자리이다. 사자좌獅子座와 연화좌蓮華坐가 보편적이다.

석가모니 부처님의 근본 오인(五印)

선정인(禪定印)

석가모니 부처님이 금강보좌 위에 앉아 깊은 생각에 잠겨 있을 때 취한 수인으로, 결가부좌한 상태로 앉아 참선이나 선정에 들 때의 수인을 말한다. 왼손의 손바닥을 위로 향하게 하여 배꼽 앞에 놓고, 오른손도 손바닥을 위로 향하게 하여 겹쳐 놓되 두 엄지손가락을 마주 대는 형식으로 망상과 사념을 버리고 움직이지 않고 조용히 마음을 한곳에 모아 삼매경에 들게 한다.

항마촉지인(降魔觸地印)

석가모니 부처님이 모든 악마를 굴복시켜 없애 버리는 모습이다. 결가부좌한 채 선정인禪定印에서 오른손을 풀어 오른쪽 무릎 위에 얹고 손가락 끝을 가볍게 땅에 댄 것이다. 왼손은 손바닥을 위로 해서 배꼽 앞에 놓은 선정인 그대로이다.

석가모니 부처님이 성도成道하게 되면 일체중생이 구제되는 것을 두려워한 나머지 마왕 파순은 석가모니에게 칼을 대고 물러나라고 위협했다. 이때 석가모니는 '천상천하에 이 보좌에 앉을 수 있는 사람은 나 한 사람뿐이다. 지신地神은 나와서 이를 증명하라'고 하면서 오른손을 풀어 무릎 위에 얹고 손가락을 땅에 대었다. 그러자 지신이 홀연히 뛰쳐나와 이를 증명하였다. 이때의 모습이 항마촉지인이다. 따라서 이 수인은 석가모니만이 취하는 인상이다.

전법륜인(轉法輪印)

석가모니 부처님이 최초로 설법하실 때의 손 모양으로, 설법인說法印이라고도 한다. 부처님의 법은 일체 중생의 번뇌를 제거하므로 전법륜轉法輪이라고도 한다. 전법륜인은 양손을 가슴까지 올려 엄지와 장지 끝을 서로 맞댄 후 왼손은 손바닥을 위로 하여 펴진 마지막 두 손가락 끝을 오른쪽 손목에 대고, 오른손은 손바닥을 밖으로 향한 형태이다. 석가모니 부처님은 처절한 자신과의 투쟁 끝에 고집멸도苦集滅道의 사성제四聖諦를 깨닫고 마침내 '무상정등각자無上正等覺者'가 되었다. 그 후 부처님은 네란자라 강가에서 함께 수행하다가 자신을 떠났던 다섯 사문에게 팔정도의 법을 전했다. 이것이 최초의 설법인 초전법륜인데 이때 다섯 비구에게 첫 설법을 하며 취한 수인이다.

시무외인(施無畏印) · 여원인(與願印)

시무외인은 중생에게 무외無畏를 베풀어 공포와 두려움을 없애 주고 우환과 고난을 해소시키는 덕을 보이는 수인이다. 손의 모습은 오른손을 꺾어 어깨 높이까지 올리고 다섯 손가락을 가지런히 펴서 손바닥이 밖으로 향하게 한 형태를 하고 있다.

여원인은 부처가 중생에게 사랑을 베풀어 원하는 바를 달성하게 해 준다는 덕을 표시하는 수인이다. 손의 모습은 왼팔을 길게 아래로 늘어뜨리고 손가락을 펴서 손바닥을 밖으로 향하는 수인으로 시무외인과 반대되는 형상이다. 대개 오른손은 시무외인을, 왼손은 여원인을 하는 경우가 많다. 시무외인과 여원인은 부처님마다 두루 취하는 수인으로 통인通印이라고도 한다. 석가모니불 입상의 경우 오른손은 시무외인, 왼손은 여원인을 취하고 있다.

지권인(智拳印)

대일여래大日如來이며 법신法身인 비로자나불毘盧遮那佛만이 결하는 수인이다. 형상은 두 손을 모두 엄지손가락을 손바닥에 넣고 다른 네 손으로 싸쥐는 금강권金剛拳을 한 뒤 가슴까지 들어 올린 후, 왼손 집게손가락을 펴 세워서 위쪽 오른손 주먹 속에 넣는다. 그 주먹 속에서 오른손 엄지와 왼손 집게손가락이 서로 맞닿는다. 이때 오른손은 부처님의 세계인 법계를 뜻하고 왼손은 중생을 뜻한다. 지권인은 법으로써 일체의 무명번뇌를 없애고 부처의 지혜를 얻는다는 뜻이다. 이理와 지智는 둘이 아니고 부처와 중생은 같은 것이며, 미혹과 깨달음도 본래는 하나라는 뜻이 담겨 있고 또한 중생을 구제한다는 의미가 있다.

사리장엄구(舍利莊嚴具)와 복장물(腹藏物)

부처나 스님들의 몸을 다비하고 나온 사리를 담는 용기를 사리구舍利具라 하고 그것을 치장하는 것을 장엄이라 한다. 즉 사리장엄구는 사리를 봉안하는 갖가지 사리구와 이것을 탑 속에 봉안하는 사리를 통틀어서 말한다.

일반적으로 사리구는 사리용기·공양소탑·탑지塔誌의 3가지로 나뉘는데, 사리용기는 불사리를, 공양소탑은 법사리를 봉안하며, 탑지는 탑을 세운 이유와 행사 등을 기록한 것이다. 신라시대 때에는 주로 사리병에 유리와 수정이 사용되었으나 고려시대에는 금속을 재료로 하는 것이 많이 쓰였다.

이 사리장엄구들은 당대 최고의 기술로 제작되므로 그 시대의 공예 수준을 모두 보여 주기 때문에 연대의 고증에 중요한 자료가 되기도 한다. 그러므로 사리장엄구는 불교 미술의 정수이자 당시의 공예 예술 수준을 한눈에 볼 수 있는 예술품이다.

복장물은 불상이나 탑을 조성하면서 그 안에 넣는 사리나 불경 등을 말한다. 탑과 불상, 보살상, 나한상 등의 여러 불상 내부에 봉안되는 모든 불교적 상징물을 가리킨다. 초기에는 불상을 조성할 때만 복장을 했지만, 후대에는 불상을 수리하거나 금칠을 다시 입힐 때도 복장을 했다. 복장물은 해당 불사의 조성 연혁은 물론, 당시 불교신앙을 엿볼 수 있게 하고 장인과 발원자의 신분, 형태, 사경 미술 수준, 신분 등을 알아내는 데 귀중한 자료가 된다.

사찰의 조형물

당간과 당간지주(幢竿支柱)

사찰에 기도나 법회 등의 행사가 있을 때 입구에 '당'이라는 깃발을 달아두는데 이 깃발을 달아 두는 장대를 당간이라 하며 장대를 양쪽에서 지탱해 주는 두 기둥을 당간지주, 찰간지주刹竿支柱라고도 한다. 주로 사찰 입구에 세운다.

이 당간지주는 양 지주가 원래 모습대로 일정한 간격을 두고 동서로 서 있다. 당간은 주로 금동, 철 등의 금속재로 만들었으며 당간지주는 거의 돌로 만들어져 있다. 당간은 오늘날 대부분 사라졌고 당간지주만 주로 남아 있다.

대표적인 당간 지주는 거북으로 된 간대

가 남아 있는 경주 분황사에 있는 것이다. 당간은 신성한 곳임을 알리는 구실도 했다.

업경대(業鏡臺)

지옥의 염라대왕이 갖고 있다는 거울로 명부冥府로 끌려간 사람이 생전에 지은 선악의 업이 업경에 나타난다고 한다. 업경은 둥근 모양이고 대개 나무로 만들어 채색하거나 청동판으로 만들었다. 업경과 그를 떠받드는 대좌가 바로 업경대이다. 대개 사찰의 전각 중 명부전 · 지장전 · 시왕전은 명부세계와 관계가 있어 업경대가 흔히 설치되었다. 대좌는 흔히 직립하여 머리를 약간 튼 모습의 사자獅子 모양을 하고 있다.

윤장대(輪藏臺)

경전을 넣은 책장에 축을 달아 돌릴 수 있게 만든 책장이다. 이 윤장대를 돌리면 경전을 읽는 것과 같은 공덕을 쌓을 수 있다 하여 윤장 또는 전륜장轉輪藏·전륜경장轉輪經藏이라고도 한다. 사찰에 처음 윤장대를 설치한 것은 중국 양梁나라 때로 불도를 믿으려 하나 글을 알지 못하거나 불경을 읽을 겨를이 없는 사람들을 위하여 만들어졌다고 한다. 우리나라에는 고려 1173년명종 3년에 자엄대사가 세운 예천 용문사의 대장전  大藏殿 전각 내 좌우에 있는 팔각형의 용문사 윤장대(보물 684호)가 유일하다. 이 윤장대는 인도의 고승 구담瞿曇이 가져온 대장경을 보관하였다. 최근에는 서울 삼각산 도선사에도 만들어져 있다.

제9장

불교가 가진 7대 특징

세상에는 허다한 종교가 존재한다. 어느 종교를 막론하고 인간이 바른 길을 걸어 갈 수 있도록 그 정신을 순화醇化하고 권선징악勸善懲惡의 방법으로 인간의 가치를 발양發揚시키는 것은 거의 같다. 그러나 그 내용에 들어가 보면 종교宗敎가 가지고 있는 교리의 성격과 특징들은 서로 다르다. 여기에서는 불교의 7대 특징에 대해서 간단히 설명하겠다.

불교는 정신(正信)이다

불교는 미신이 아니라 정신正信이다. 이것은 불교가 가진 가장 훌륭한 특징 중의 하나이다. 유일신은 눈으로 볼 수도 없고 그 존재를 확신할 수도 없다. 이와 달리 불교는 부처를 찾는 종교이다. 부처란 한마디로 깨달았다는 뜻인데 그럼, 무엇을 깨달았다는 것일까. 이것은 우주의 진리를 바로 깨달았다는 말이며 실상의 참 얼굴을 정확히 보았다는 뜻이다.

누가 나를 부를 때 "네" 하고 대답하는 이것이 바로 진정한 '나'이다. 이는 도저히 부정할 수 없는 명연明然한 사실이다. 이 명연한 사실을 믿는 종교가 바로 불교이다. 그러므로 불교는 유일신이나 미신과는 확연히 다른 진리의 종교이다.

화엄경에 보면 '일체유심조一切唯心造'라는 말이 있다. 모든 것은 마음에 달려 있다는 뜻이다. 인간의 마음은 옛날부터 탐진치에 젖어 물들어 있고, 번뇌의 망념妄念에 마음이 흐려져, 맑고 깨끗한 우주의 본성을 바로 보지 못했다. 불교는 마음에 끼어 있는 더러운 때를 벗기는 종교이다. 자신이 가진 인격人格이 최고도最高度로 연마·도야陶冶되어 원만 무결하게 완성된 것이 부처이며 열반이고 해탈이고 성불이다.

불교는
남을 제도하는 종교이다

불교는 궁극적으로 전미개오轉迷開悟와 광도廣度중생에 있다. 전미개오를 자리自利로 본다면 광도중생은 이타利他로 보아야 할 것이다.

석가세존께서 열반에 드실 무렵 어떤 제자가 이렇게 물었다.

"이 세상에 누가 마땅히 지옥에 떨어지겠습니까?"

"부처가 마땅히 떨어질 것이니라."

"어찌하여 그러하옵니까?"

"지옥 중생을 내가 제도하지 않으면 누가 능히 제도하겠느냐. 그러므로 나는 지옥으로 들어갈 수밖에 없느니라. 그리고 나는 지옥에 떨어질 뿐 아니라 항상 지옥에서 거주할 것이며 항상 거주할 뿐만 아니라 항상 지옥을 즐거워할 것이며 항상 즐거워할 뿐만 아니라 지옥으로 장엄할 것이니라."

이 얼마나 철저한 이타정신이며 겸선兼善의 사상思想인가. 그뿐만 아니라 저 유명한 조주스님께서 병들어 누웠을 때 어떤 제자가 이렇게 물었다.

"스님은 돌아가시면 어디로 가시겠습니까?"

"나는 지옥으로 갈 것이니라."

"어찌하여 그러합니까?"

"나는 지옥이 아니면 갈 곳이 없으니까."

"스님께서 일생을 청정하게 수도를 하셨는데 극락세계를 가시지 아니하시고 어찌 지옥으로 가신단 말씀입니까?"

"극락세계는 내가 아니 가도 기다리는 자가 없지만 지옥에는 내가 오기를 기다리는 자가 많으니 기다리는 지옥으로 가지 않으면 어디로 갈 것인가?"

이것이 불교의 정신이다. 내 몸은 고통을 받을지라도 남을 구제하겠다는 생각이 앞서는 이 마음이 그대로 보살의 정신이다.

『지옥경地獄經』에 보면 이런 글이 있다.

"지옥미제 서불성地獄未除 誓不成"

지옥이 다 없어지기 이전에는 맹세코 성불하지 않겠다는 말이다. 고통 속에 파묻혀 있는 중생을 모두 구제救濟하여 영원의 안락을 얻도록 해 주고 이제는 단 한 사람이라도 더 구제해야 될 대상이 없도록 해 놓은 다음에 마지막으로 자기가 성불하겠다는 지극한 서원이다.

불교를 세상과 교섭交涉를 끊고 자기 혼자만 안온安穩을 도모하는 독선적인 종교라고 말하는 사람들이 간혹 있는 것 같지만 이것은 전혀 불교의 진수를 모르는 사람이다.

염세(厭世)가 아니라 구세(救世)이다

흔히 불교를 소극적인 염세厭世사상이니 은둔 퇴영退嬰적인 기피忌避 사상으로 보는 사람들이 많다. 이는 불교를 전혀 모르는 사람이다. 대중 불교에 있어서는 수행의 방법과 정진의 자세가 생활적이며 적극적이며 진취적이다. 수행의 지표가 되는 사상은 사회성을 띠고 있으며 이타利他와 구세救世 사상이 그 중심에 있다.

유한(有限)이 아니라 무한(無限)이다

타 종교에서는 영생천국永生天國이니 말일末日 심판審判이니 하는 말들을 자주 쓰고 있다. 이것은 어디까지나 유한성有限性을 나타낸 말들이다. 불교는 삼세윤회설, 전생업보, 불생불멸의 엄연한 진리를 가지고 있다. 이것이 불교의 장점이다. 우주의 진리가 곧 부처이며 영원의 생명이 그대로 부처인 논리에는 유한이라는 국한局限이 있을 수 없으며 무한하다. 생사는 둘이 아닌 하나라는 말도 즉 불교의 무한성을 뜻한다.

불교에는 '담적湛寂 · 무고無古 · 무금無今 · 영원永遠'이라는 말이 있다. 불교는 영원하며 옛날이 없고 현재도 없으며 영원하다는 뜻이다. 불교가 다른 종교에 비해 특별히 우수한 것도 바로 이런 사상 때문이다. 유한의 생명을 벗어나 무한의 생명을 얻으려는 것이 불교 수행의 목적이며 또한 무한의 생명에 합일되는 것이 바로 성불이다.

타력성불(他力成佛)이 아니라 자력성불(自力成佛)이다

대개 타 종교는 절대자인 신이 인간의 화복禍福을 좌우하기 때문에 신을 멀리하면 화를 받게 되고 신을 가까이하면 복을 얻게 된다는 타력에 의존한다. 그러나 불교는 오직 자신이 하는 기도의 힘으로 생사윤회의 고통을 벗고 성불을 할 수 있다. 또한 자기가 지은 인과율因果律에 의하여 화禍도 면免하고 복도 맞는 종교이다.

석가세존께서는 이렇게 말씀하셨다.

"현재의 과果는 과거의 인因이며 현재의 인因은 곧 미래의 과果이니라."

부처님은 이렇게 명명백백明明白白한 이론을 내세웠다. 그러므로 자신이 지은 업을 반드시 자신의 손으로 풀어야만 하는 종교이다.

모두가 자업자득自業自得의 대원칙을 가지고 있다.

그뿐만 아니라 부처가 되는 데 있어서는 그 수행과 정진력에 따라 빠를 수도 있고 늦을 수도 있다. 때문에 자신의 노력 없이 남의 힘으로 무엇인가가 되기를 바랄 수 없다. 이것이 바로 불교의 특색이다.

신앙의 대상이 존재하지 않는다

나는 무엇을 믿는다 하여 믿는 내가 있고 믿어야 할 대상이 따로 있어 주관과 객관이 양분되는 것이 대략 타 종교의 형태이다. 예를 들자면 나는 바위를 믿는다 할 때 내가 있고 바위가 있다. 무엇인가 대상을 가설해 놓고 거기다가 신앙과 정성을 기울여 그 대상으로부터 인간 이상의 힘을 빌리고자 하는 게 일반적인 종교이다.

그러나 불교는 믿어야 할 대상을 가설하지 않거나 도저히 가설할 수가 없도록 되어 있는 게 특징이다. 불교의 참된 교리敎理를 모르는 사람들이 '나는 부처를 믿는다'고 하는데 이는 말도 안 되는 소리이다. 만일 이렇게 생각한다면 내가 있고 부처가 있다는 이원적인 논법論法이 되기 때문이다. 부처란 절대로 대상이 될 수 없는 존재이다.

나 자신이 청정清淨 법신法身의 일부이며 내 마음 이것이 그대로 부처이므로 따로 부처가 존재하는 줄 생각한다면 오착誤錯이라는 말이다. 예로부터 십악十惡 오역五逆을 범한 죄보다 부처를 바로 알지 못하는 죄가 더욱 크다고 했다. 십악과 오역을 범했다면 언젠가는 성불할 때가 있기라도 하겠지만 부처를 바로 알지 못하는 중생은 도저히 성불할 가망이 없다.

사람들은 흔히 불상佛像을 부처로 오인誤認하는 수가 많다. 불상이라는 것은 정말 부처를 찾고 있는 수행과정에 있어 참부처의 소재를 가리켜 주는 이정표里程標에 불과하다. 참부처란 원래 진리의 덩어리이기 때문에 형상도 없고 언어도 끊어져 무엇으로도 표현할 수 없다. 다만 수행 정진의 과정에 있어 정신집중의 대상이며 일심一心 신경信敬의 표적標的으로 불상이 필요하다.

달을 가리키는 손가락은 될지라도 바로 달이 될 수 없다. 손가락이란 달을 가리키는 데 필요한 것이지 달을 바로 본 사람에게는 아무런 소용이 없다. 손가락의 목적은 달을 바로 보도록 하는 데 있으며 그것을 가지고 달이라 믿어서는 안 된다. 달을 바로 보지 못한 사람들에게는 손가락은 지극히 소중할 수밖에 없다. 그 사람에게 불상이란 겨우 손가락에 불과하기 때문이다.

『금강경』의 '금불 불도로 목불 불도화 니불 불도수金佛 不渡爐 木佛 不渡火 泥佛 不渡水'는 이를 설명한 내용이다.

또한 성철스님은 나를 만나려면 3,000배를 하라고 하셨다. 이것은 바로 부처에게 3,000배를 하라는 말씀이 아니라 자기 자신에게 하라는 말이다. 곧 내가 부처이기 때문에 내 안의 부처를 절을 통해 찾으라는 말인 것이다.

불교는 종교이며 철학이다

불교를 제외한 타 종교는 오직 종교적인 면面만 갖추고 있을 뿐, 철학적인 면은 거의 없다. 그러나 불교는 종교적인 면보다 오히려 철학적인 면이 더욱 풍부하다는 것이 특징이다.

『화엄경』의 '십현 육상十玄 六相'이라든지 『기신론起信論』의 연기설緣起說이라든지 구사俱舍 인명因明의 정연한 논리와 택멸擇滅·비택멸非擇滅의 심오한 학설은 동서東西철학이 도저히 미치지 못할 정도로 유현하다.

불교 이외의 다른 종교가 감히 규찰糾察해 볼 수 없는 우주의 구극究極을 말해 놓았으며 선禪이라는 것은 결코 종교 영역에 귀속시킬 수 없는 철학의 절정이다. 불교는 이렇게 풍부한 철학적인 일면一面을 가지고 있는 동시에 종교적인 면으로서도 그 의식이 다양多樣엄숙하며 장중하다. 한마디로 말해 대종교大倧敎의 면모에 결코 손색遜色이 없다. 이상 열거한 것이 불교의 특징이며 또한 자랑이라 할 수 있다.

제10장

제공의식과 보살수계

마음이란?

마음, 마음 이 마음은 산生 것이요,
죽은 것이 아니다.
그러므로 이 마음은 생명 없는 허공도 아니요,
또한 생명이 아닌 무기물질도 아닌 것이다.
물질도 허공도 아닐 뿐 아니라
지식도, 사상도, 신앙도 아니며 부처님도 하나님도
일체중생도 아니다.
그러나 아무것이 아닌 것도 아니다.
오직 살아만 있을 뿐이다.
그런데 이 마음도 아닌 마음
이것이 곧 인생보완의 진면목이다.
이것만이 나 자신인 것이다.
―『청담대종사 어록』

사찰에서의 제사

반혼제(反魂齋)
화장터나 매장장에서 바로 절로 위패를 모실 때

① **개식**
지금으로부터 ○○ 영가의 반혼제를 모시겠습니다.
저 부처님을 향하여 서 주십시오.
② **삼귀의례(다 같이)**
③ **반야심경(다 같이)**
④ **발원문**
거룩하신 부처님. 삼가 불제자 ○○가 유명을 달리하여 부처님의 가호 속에 법문을 듣고 공덕을 길러 해탈을 얻고자 이 자리에 왔사오니 자비하신 원력으로 굽어살펴 주시옵소서.
⑤ **우효삼장**
오른쪽으로 세 번 돌고 위패를 영단에 모심.
⑥ **대령착어**
신령스런 마음은 헤아리기가 어렵습니다.
이제 생을 다하여 황천객이 되었사오니 꿈같은 몸 생각하지 마시고 이 자리에 혼과 백을 모셔 편안히 쉬게 하옵소서.

삼가 향과 등불로 청합니다.
⑦ **다 같이 삼배**
⑧ **헌성례**

제자들은 낱낱이 잔을 올리고 법사는 다음과 같은 글을 외운다.

   5분향의 진짜향을 사르노니
   대지혜로 밝은 빛을 나투소서.
   반야의 등불을 밝히오니
   다생의 어두움을 파하소서.
   조주의 맑은 차 올리오니.
   당장에 목마른 정 쉬옵소서.
   선도의 과일을 올렸사오니
   일미의 맛을 돋우소서.
   향적의 진수를 올렸사오니
   영원히 기허를 쉬시옵소서.

49재의 의미

49재는 사람이 죽은 후 49일 만에 지내는 천도재를 말한다. 중생은 모두 살아 있을 때 지은 업력에 따라 지옥, 아귀, 축생, 인간, 아수라, 천상 등 육도에 윤회한다고 한다.

 선한 행위를 하면 천상, 인간, 수라의 세계에 나고 악업을 많이 지으면 지옥, 아귀, 축생의 세계에 떨어진다고 한다.

 사람이 죽으면 육신은 모두 흩어지게 되지만 업보는 없어지지 않고 남아 윤회를 하게 하는 원동력이 된다고 한다.

 윤회를 하는 데는 44가지의 단계를 거치게 되는데 사람이 죽은 순간에는 사유死有가 되고, 곧바로 중유中有가 되어 49일 동안을 지내게 된다고 한다.

 이 중유로 지내는 기간에는 중음신中陰身으로 살아가게 되는데 이 기간에는 아직 다음 생의 몸을 받기 이전이므로 오직 영혼만이 존재하며 7일 만에 한 번씩 염라국의 업경대에 업력을 비추어 보고 다음 생의 몸을 결정받게 되며 49일 되는 날 최종적으로 다음 생의 몸이 결정되어 윤회를 하게 된다.

 이때도 못 받게 될 경우 무주고혼이 되어 허공을 배회하게 된다고 한다.

이와 같이 되는 원인은 육체에 대한 강한 집착 때문이다. 그러므로 죽은 후 중유로 지내는 기간 동안에 일주일에 한 번씩 재를 지내고 49일에는 49재를 지내게 되는 것이다.

선업을 많이 지은 사람이라고 하더라도 깨닫지 못한 경우에는 결국은 윤회에 빠지게 되므로 49재를 개설하여 영혼에게 육체의 집착을 버리도록 법문을 일러 주고 아미타불의 원력에 의지하여 극락으로 왕생할 수 있도록 염불을 해 주는 것이다.

아미타불은 모든 중생들이 끝없이 윤회 속에서 헤매는 것을 보고 어떻게 하면 이들에게 안락함을 주고 성불하게 하여 윤회로부터 벗어나게 할 수 있을까 하는 생각을 가지고 48가지의 원을 세워 오랜 세월 동안 수행정진하신 끝에 부처님으로 화현하시어 극락세계를 건설하셨다.

극락이라고 하는 곳은 정정취라고 하여 한번 태어나기만 하면 다시는 다른 좋지 않은 세계에 떨어지지 않고 수행하여 부처님이 될 수밖에 없는 곳이다.

그리고 여기에 온갖 좋은 것이 모두 갖춰져 있고 원하기만 하면 무엇이든지 가질 수가 있으므로 나쁜 마음은 들지 않는 곳이며, 오직 부처님이 되는 길로 나아가는 길밖에 다른 길이 없다.

여기에 나는 데는 다른 방법이 없고 오직 아미타불의 이름을 부르는 방법밖에 없다.

그러므로 사람이 죽은 뒤 49일 되는 날에 천도제를 개설하여 영가로 하여금 다른 길로 빠지지 않고 극락에 가서 나도록 법문을 통해 영가의 마음을 씻어 주고 염불을 해서 아미타불의 원력에 의지하여 극락에 나도록 하는 것이다.

뿌리 없는 나무가 없듯이 조상 없는 후손이 있을 수는 없다. 뿌리가 튼튼해야 나무가 튼튼하듯이 조상이 좋은 곳에 있어야 자손들이 편안하다. 그러므로 우리 모두 조상님을 위하여 49재를 올리고 천도제를 정성껏 지내야 한다.

백중날과 조상천도

천도란 지옥이나 아귀 등의 세계에 거꾸로 매달려 고통받고 있는 영혼을 구제하여 천상세계나 극락세계에 나도록 하는 것을 말하는 것으로, 조상천도의 시초는 부처님의 10대 제자 가운데 신통력이 제일인 목련존자가 아귀도에 떨어진 어머니 청제부인을 구제한 데서 비롯된 것이다. 대표적인 천도제는 7월 백중날 지내는 것으로 우란분재라고도 하며, 49재도 천도제의 한 가지이다.

목련이 스님이 되기 전에 부친이 돌아가셔서 외지로 장사를 나가게 되었는데 아버지의 유산을 3등분하여 일부는 어머니의 생활비로 드리고 일부는 장사 밑천으로 하고 일부는 돌아가신 선친을 위하여 500분의 스님을 청하여 제를 올려 드리라고 어머니에게 맡기고 집을 떠났다.

어머니 청제부인은 아들의 말을 어기고 500승제를 올릴 돈으로 매일같이 가축을 잡아 그 피를 집 안팎에 뿌리고 방탕하게 지내다가 아들이 온다는 소리에 놀라 집안을 청소하고 선친을 위하여 매일 제를 올린 것처럼 꾸미고 아들을 속이고 아들에게 말하기를 자기가 거짓말을 하는 것이라면 7일 만에 피를 토하고 죽을 것이라고 장담하였는데 정말로 어머니 청제부인은 7일 만에 돌아가셨던 것이다.

목련은 가산을 정리하여 불쌍한 이웃들에게 모두 나누어 주고 부처님께 출가하여 도를 닦아 신통력이 제일가는 제자가 되었다. 그 후 부모님이 나신 곳이 궁금하여 신통력으로 찾아보니 선친은 천상에 나서 복락을 누리고 있었는데 어머니는 찾을 수가 없어 직접 지옥으로 찾아가 보았더니 무간지옥에 떨어져 극심한 고통을 받으며 목련이 가지고 간 음식을 드리려고 해도 입에 가져가기만 하면 모두 불로 변해 버리므로 목련으로서도 어찌할 도리가 없어서 부처님께 여쭈었던 것이다.

부처님께서는 어머니 청제부인의 죄가 너무 무거워 스님들이 3개월 동안 결제를 행하였다가 수행을 마치고 해제하는 날 많은 스님들께 공양을 올려야 구제를 받을 수 있다고 목련존자에게 일러 주었다.

목련은 부처님의 말씀대로 백중, 7월 15일에 천도제를 올려 어머니를 지옥에서 구제하였다고 하는 데서 천도제가 유래되었다고 한다.

모든 조상님을 위하여 천도제를 올려 악도에 떨어진 조상님을 천도하자.

구병시식 (救病施食)

구병시식은 삼귀의를 한 다음, 착어着語를 하고, 천수경 신묘장구대다라니의 경이 끝나면 몇 가지 진언을 외우고 나서 고유문을 낭독한다.

고유문

유세차 모년 모월 모일 모도 모군 ○○○가 병이 들어 신음하고 있습니다. 그래서 향과 등불과 밥과 떡, 돈과 행을 갖추어 시식을 베푸노니 책주귀신 영가께서는 이 자리에 내려오셔서 공양하시고 원한을 풀고 낫게 하여 신력이 구족하고 원하는 바를 각각 성취하게 하옵소서.

　삼가 저승길이 캄캄하고 고혼이 쓸쓸하여 혹은 깊은 곳에 들어가 영세에 쓰디쓴 고통을 당하고 중음신이 되어 장겁에 굶주림으로써 온갖 재난과 고통을 당하고 있는 여러 영가들에게 천 년에 만나기 어려운 승천의 길을 마련하고 4시에 없는 제식을 베풉니다.

　한 배를 채우기 위해서 사방으로 돌아다니면서 재식에 붙어 물에 손해를 보이고 술밥을 따라 사람을 침해하고 혹은 잊지 못하는 정에 붙어 따라 다니고 혹은 원증의 핍박을 풀지 못하고 부엌이나 우물에 있어서 출입에 재앙을 내리고 돌이나 흙, 나무 같은 곳에 붙어 재앙을 보이는 등 범부들이 알지 못하는 사이에 온갖 병균과 통상을 내리고 혹은 알게 모르게 허망한 분노로서 고뇌를 겪고 있나니, 이제 관세음보살의 위신을 빌리지 아니하면 사람과 귀신의 원한을 풀 수 없으므로 주리고 헐벗는 고통은 면하기 어려우므로 여기 평등한 마음으로 음식을 베푸노니 원컨대 주인 없는 고혼들께서는 관세음보살의 묘한 힘을 입어 함께 고통의 세계를 벗어나 법연에 내려오십시오.

　한마음 함께 기울여서 청합니다.
　방편을 의지하여 진실의 가르침을 일으키고 널리 기회를 구하시며

악도중생을 구하시는 대성초면귀왕 비증보살마하살님께서는 본래의 서원을 어기지 마시고 이 도량에 내려와서 공양을 맛보시옵소서.

예수제의식
(豫修齊儀式)

예수제의식이란 한마디로 알기 쉽게 말한다면 살아서 자신의 사십구재를 본인이 직접 지내는 의식으로 여러 가지 절차가 까다롭기 때문에 보통 사찰에서는 독단으로 행하지 않고 종단이나 종찰, 혹은 사암연합회 등에서 합동으로 행사를 갖게 되는 것이다.

또한 4년마다 찾아오는 윤달을 택하여 예수시왕 칠칠재를 지내게 되는데, 제단만 해도 많은 어려움이 따르게 된다. 우선 그러면 제단 준비와 부처님께 공양을 청하는 수설대회소를 소개하기로 하겠다.

준비
먼저 상중하 3단을 배치하는데 상단의 상단에는 3신불을 모시고 상단의 중단에는 지장보살 6광보살, 6대천조, 도명, 무독귀왕을 배설하고 상단의 하단에는 대범대석 4천왕을 모신다.

그리고 중단의 상단에는 풍도대제와 10대명왕, 중단의 중단에는

26위판관 3원장군 36위귀왕 2부동자 12사자, 중단의 하단에는 시왕의 종관과 판관동자 사자를 모시며, 하단의 상단은 고사단으로서 본원원신의 고관雇官과 사존司尊을 모시고 하단의 중단사자차단에는 연월일시의 4직사자, 하단의 하단마구단에는 운마雲馬 낙타駱陀 등을 모신다.

공양물은 향, 꽃, 등촉, 다과, 과실, 떡, 금은전, 말, 낙타, 칼, 지필묵, 쌀, 명건, 백지, 경전, 초소, 탕류가 중심이고 번개는 미리 준비하여 도량에 장엄한다.

수설대회소
삼가 들으니 부처님께서 사바세계에 몸을 받아 남섬부주 중생들을 깨우치기 위해서 예수제의식을 개설하였다 합니다.

세상 사람들이 두려워하는 것은 죽은 뒤에 들어가는 곳입니다. 천당이냐 지옥이냐 아귀냐 축생이냐 그 거처를 알지 못하는 까닭에 여러 성인들을 모시고 전생의 죄업을 소멸하고 금생의 복업을 증장코저 오늘 저희들이 법연을 베풀어 법식대로 의식을 집행하고 있사오니 연월 일시 사자와 염마천자께서는 저희들의 정성을 감응하시고 이 자리에 내려오셔서 저희들의 고통을 보살펴 주시옵소서.
도는 공이 없고 신 또한 헤아릴 수 없습니다.
특히, 그 가운데서도 질풍같은 흑백 2도 지장대서 6광보살 도명무

독 대천조화 10대명왕 태산부군 26판 37귀왕 3원장군 5도 대신 명관종사 판관귀왕 2부동자 감재직부 4직사자 우수 아방졸이 등의 신통은 헤아릴 수 없습니다.

  높고 높은 덕상으로 명계의 비밀한 문서를 가지고 세상을 왕래하며 선·악다소를 시왕전에 보고하시는 성현들이시여, 부처님의 가피를 힘입어 이 자리에 내려오셔서 저희들의 공양을 받으시옵소서.
  꽃과 향으로 청하옵니다.

예수재 식순
제1부는 일반의식, 제2부는 삼보공양편, 제 3부는 명부권공, 제4부는 시식회향

방생의 의미

방생이란 죽어 가는 생명을 살려 주는 것이다.
  병든 중생을 구호하고 가난한 중생을 구호하며 윤회중생을 해탈시켜 주는 것이 방생이다.
  그러나 궁극적인 의미는 죽어 가는 생명을 살리는 데 그 뜻이 있는 것이 아니라 보리심을 발하는 것에 있으며, 불안과 공포에 처한

생명을 삼보께 귀의시키고 성불을 향한 구도의 뜻을 일으키도록 발원하면서 보살펴 주거나 구제하는 것이 방생이다.

우리의 이웃에게 방생의 정신을 보급하는 일이야말로 구법의 보살행임을 확신하고 불교인 모두는 방생의 생활화를 위하여 적극적인 노력을 기울여야 한다.

분명 우리의 미래에 자유와 평화와 풍요의 삶이 실현될 것이다.

−마하반야바라밀−

일곱가지 방생 七大放生

첫째, 자식 없는 자는 반드시 방생하라.

세상 사람이 자식을 두고자 함에 약 먹기로 함을 쓰나 그러나 왕왕히 한평생 먹더라도 효험을 못 보는 자 많은지라. 그러므로 나는 말하기를 병이 있거든 약을 먹고 자식이 없거든 방생하라 하노니.

　대저 천지의 큰 덕은 가로되 생함이라. 그러므로 사람을 생하고 만물을 득해서 생생지리生生之理가 끊어지지 않나니 진실로 아껴 주는 마음으로 타의 생명을 존중하여 보살행의 보리심으로 방생을 주기적으로 하면 반드시 득남의 경사가 있을 것이니라.

둘째, 자식을 잉태하거든 반드시 방생하여 산모를 보전하라.

세상 사람은 자식을 잉태, 혹 귀신에게 빌어서 생산에 안녕을 바라고 방생해서 만전지책萬全之策이 있음을 알지 못하는도다.

　대저 잉태해서 자식을 보는 것은 사람과 만물이 다르지 않고 사람과 만물은 천지의 생한 바라. 짐승의 새끼 잉태를 내가 구하여 주는데 내가 자식 잉태가 있으면 하늘이 어찌 보호하지 않으랴.

셋째, 기도함에 반드시 방생하여 복을 맞으라.
세상 사람이 말하기를 부처님은 소식素食하고 귀신은 혈식血食한다 하나니 이는 크게 오해이다.
　대저 부처님은 천과 신의 스승이요 신이란 자는 부처님을 받들어 어김없는 자라. 호생지덕好生之德을 체달하여 금수만물이 급한 경우를 당하거든 다소를 불구하고 보는 대로 사서 놓아 주거나 만일 금전이 없어서 어찌할 수 없는 때는 염불이라도 하여 주면 자연히 상천이 감동되어 복을 얻음이 한량없을 것이니라.

넷째는 예수(豫修)코자 하거든 방생부터 먼저 하라.
세상 사람이 매번 스님을 청해서 불사를 정하여 미리 닦는 것은 진실로 죽은 뒤에도 육도에 윤회함에 업식이 망망할지라, 미리 불보살을 간청하여 업을 구함이 아닌가.
　대저 세간자선世間慈善은 방생보다 더 좋은 것이 없으니 내가 자비지심慈悲之心으로 방생하여 불보살의 자비지덕에 감동되면 반드시 불보살의 복을 따르는 것이니라.

다섯째는 재계를 가짐에 반드시 방생하라.
제불 보살이 중생의 재계 가짐을 좋아하심은 만물의 자비심 두기를 바람이라. 일체중생이 불자 아님이 없나니 진실로 재계를 가지는 날에 더욱이 방생으로 힘을 쓰면 제불 보살이 몇 배나 환희를 내지 아니하랴.

여섯째는 녹(綠)을 구해 먼저 방생하라.
복을 쌓으라. 개미가 주인에게 보은하였으니 방생하여 이익을 얻음은 결코 헛됨이 아니라.
　대저 부귀명복은 요행으로 되지 않고 오직 복을 짓는 자가 반드시 명복을 얻나니 사람이 어진 마음으로 물을 아껴서 그 목숨을 구제할 것 같으면 나의 구제를 입은 자가 기회를 모아 보답할 것은 정한 이치가 아니던가.

일곱째는 염불함에 반드시 방생부터 하라.
산중에 있어서 참선을 오래도록 하다가 하루아침에 견성오도見性悟道함은 말할 것도 없지마는 홍진중紅塵中에 있어 염불하는 자는 자비심으로써 방생을 주로 할지어다.
　물物을 구제함이 인人을 구제함보다 낫다 함은 아니지마는 사람이 극형을 범하는 것은 대개 자작장란自作障難이라고 하였으나 동물은 무슨 죄로 참혹한 환란을 자주 만드는가.
　누구든지 연지대사와 영명연수선사의 방생으로써 급무急務삼음을 알고 깨칠지니라.

아! 이 얼마나 거룩하신 말씀인가. 대저 방생은 불타의 마음이요 천인의 마음이라. 그러므로 나는 생각하기를 불타에게 공양 올림을 게을리할지라도 방생부터 부지런히 하라 하노니 왜냐하면 보라.

어떤 사람이 자식을 많이 두었는데 다 각각 자작지화로 어떤 자식은 옥에 갇히었고 어떤 자식은 수해 중에 빠져 있거든 이웃 사람이 그 여러 자식들의 고통은 모른 체하고 진수성찬을 차리어 그 아버지에게 받든다 하면 아버지된 자가 그 밥맛이 있다 하겠는가.

한 사람은 그와 반대로 옥에 갇힌 자식을 놓아주고 수하에 든 자식을 건져 준다 하면 그 아버지는 밥을 아니 먹어도 배가 부를 것이고 또 건져 준 사람에 대하여 감사한 생각이 아까 밥을 주는 자에게 비할 수 있겠는가.

대저 부처님은 태란습화생을 적자같이 생각하는지라 한 중생이라도 고통을 받는다면 부처님의 대자대비로서 뼈가 녹는 듯 불쌍히 여길지라. 그 고통받는 중생을 건져 주는 자에 대하여 복을 주심이 공양 받드는 자보다 천만 배나 수승할 것은 정한 이치가 아니겠는가?

공자께서는 부모의 입과 몸을 봉양함보다 부모의 마음을 보양함이 참으로 효자라 하셨으니 우리 불교신자도 불타의 본심을 헤아려 연지대사와 적석도인의 말씀을 실행함이 급선무라 하여 힘써 행할지어다.

일곱 가지
불살생(七大不殺生)

첫째, 생일에 살생하지 말라.

상서尚書에 가라사대 슬프다 부모시여 나를 낳아 수고하셨다 하셨으니 내 몸이 출생하던 날은 어머님께서 거의 죽을 뻔하던 때라. 이 날은 결코 살생을 경계하며 재계를 가지고 널리 선사善事를 행하여 선망부모로 일찍이 초승超昇을 얻게 하고 현재 부모로 복수를 증장케 함이어늘, 애달프다 어찌하여 어머니 곤란 겪은 경위를 잊고 아래로 자기 몸에 이롭지 못하게 하는고. 이것을 온 세상이 습관이 되어 그른 줄을 알지 못하니 참으로 통곡하고 장탄식할 일이로다.

둘째, 자식을 낳거든 살생하지 말라.

대저 사람이 자식이 없으면 슬퍼하고 자식이 있으면 기뻐하는데 일체 금수도 각각 그 새끼 사랑함을 생각지 못하는구나. 내 자식을 낳는 것은 좋아도 남의 자식은 죽게 함은 마음이 편하겠는가.

　대저 어린 것이 처음 남에 적덕積德을 못할지언정 도리어 살생하여 업을 짓는 것은 가장 어리석음이라. 이것을 온 세상이 습관이 되어 그른 줄을 알지 못하니 참으로 통곡하고 장탄식할 일이로다.

셋째, 제사 지낼 때 살생하지 말라.

망령亡靈의 기일과 춘추소분春秋掃墳에 마땅히 살생을 경계해야 명복을 자라게 할 것인데 살생하여 제사 지내는 것은 한갓 악업만 더할지라.

　대저 팔진미를 망령 앞에 놓을지라도 어찌 구천에 가신 유골을 일으키어 흠향토록 하겠는가.

　조금도 이익은 없고 해만 됨이어늘 이것을 온 세상이 습관이 되어 그른 줄을 알지 못하니 참으로 통곡하고 장탄식할 일이로다.

넷째, 혼례 때엔 살생하지 말라.

대저 혼인이라는 것은 생민生民의 시초가 아닌가. 삶의 기초에 살생을 하는 것은 이치가 벌써 틀린 것이요 또 혼례는 길사吉事인데 길일로서 흉한 일을 행함이 또한 참혹하지 않은가. 또는 결혼식을 하면 반드시 부처해로夫妻偕老를 축사하나니 사람은 해로하기를 원하면서 금수는 먼저 죽기를 좋아하는가. 또 시집보내는 집에서 삼일 동안 촛불을 끄지 않는 것은 모녀母女가 서로 갈린 것을 아끼는데 사람은 이별을 괴롭다 하면서 금수는 이별을 낙으로 하는가. 혼례 살생에 온 세상이 습관이 되어서 그 잘못됨을 알지 못하니 참으로 통곡하고 장탄식할 일이로다.

다섯째, 연회할 적에 살생을 말라.

양신미경良辰美景에 주빈主賓이 상대하여 담담淡淡한 다과茶果와 소사채갱蔬食菜羹이 맑은 취미에 방해됨이 없거늘 어찌 살생을 많이 하여 목을 따고 배를 가름에 슬픈 소리가 끊어지지 않게 하니 사람의 마음을 가지고야 어찌 이토록 비참치 아니하랴.

만일 식탁에 아름다운 맛이 도마 위에 고통으로 가득 차 있어 저에 극한 원한으로 나에 극한 환락을 취하였거니 생각하는 동시에 비록 먹더라도 목이 멜 것이어늘 연회살생宴會殺生에 온 세상이 습관이 되어 그 잘못됨을 알지 못하니 참으로 통곡하고 장탄식할 일이로다.

여섯째, 기도 때 살생하지 말라.
세상 사람들이 병이 들매 살생기도하며 복 받기를 바랄 뿐이고 자기가 기도하는 목적이 죽기를 면하고 살기를 구하는 줄 생각지 못함이로다.

남의 목숨을 죽여다가 나의 목숨을 늘리고저 함이 벌써 천리를 어기지 않는가. 목숨은 늘리지도 못하고 살생업만 갖추는 것이다.

다시 살생하여 자식을 구하고 살생하여 재물을 구하고 살생하여 벼슬을 구하면서 그 아들과 재물과 벼슬이 다 본인의 분정分定한 것이고 귀신의 능력이 아님은 알지 못하는도다. 어찌 타원대로 되게 되면 이는 귀신이 신령하다 하여 더욱 믿고 더욱 행하나니 참으로 통곡하고 장탄식할 일이로다.

일곱째, 직업을 경영함에 살생하지 말라.

세상 사람이 의식을 위해서 혹 전렵佃獵도 하며 혹 고기도 잡으며 혹 소도 잡고 개도 잡아서 생계를 하지마는 나는 생각하기를 이 노릇을 않더라도 밥 먹고 옷 입어서 굶어 죽거나 얼어 죽었다는 말을 듣지 못하였노라. 살생으로 직업을 시작하면서부터 천리를 무너뜨림이라. 지옥에 깊은 인因을 심고 내세에 악보를 받음이 이보다 심함이 없거늘 어찌하여 따로 생계를 구하지 못하는고. 참으로 통곡하고 장탄식할 일이로다.

보살수계의 서문

(위로는 불도를 구하고 아래로는 중생을 구제하고자 서원한 보살들이 가지는 계율)

무릇 계戒는 삼세제불이 출현하신 큰 법규이고 사부대중이 성위聖位에 오르는 중요한 문이다. 진실로 죄를 멸하고 결박을 벗어나는 터전이며 인因을 닦아 과果를 얻는 근본이다.

계는 제지制止 효순孝順의 뜻이니 모든 악은 끊지 않는 것이 없고 모든 선을 모으지 않는 것이 없다. 그러므로 부처님께서 친히 말씀하시고 보살이 전하여 부처님들이 이 계를 의지하여 도를 이루고 모든 보살들이 이 계를 힘입어 인행을 원만히 성취하였다.

계는 번뇌를 없애는 청량제이고 법신을 장엄하는 구슬이다. 이 계는 유정무정의 구별이 없이 똑같이 타락 없는 진리의 몸을 성취하나니 그러므로 이 계를 갖는 이는 몸과 마음에 취사심을 두지 말아야 한다.

만일 몸을 사랑하여 계를 가지면 곧 사막에 떨어지고 몸을 버리고 가지면 곧 외도가 되며, 만일 마음을 두어 가지면 곧 생사에 떨어지고 마음이 없이 가지면 단멸에 떨어지며, 능히 상을 일으켜 가지면 성취하지 못하기 때문이다.

원래 이 계는 범부도 없고 성인도 없고 선도 악도 없으니 이렇게 알고 행하면 진짜 계를 갖는 것이 될 것이다. 귓전에 슬쩍 지나치기만 하여도 깨달음을 얻고 앉아서 받고 서서 파하더라도 오히려 큰 복을 받는다 하였는데 하물며 항상 생각하고 닦음이 아니겠는가.

지혜광명이 넓고 크기 한량이 없고 복덕자량이 끝이 없으므로 이제 본 장에서는 뜻을 세우고 금강불괴의 도심을 베풀어 위없는 계법을 편집하노니 모두 몸에 지니고 길이 타락하지 않게 하며 부지런히 정과 혜를 고르게 닦아 위로는 삼보 사중의 은혜를 갚고 아래로는 한량없는 중생을 제도하기 바란다.

보살 십중대계

이 계를 범하면 보살의 자격이 박탈되므로 중계라 한다.

1. 살생하지 말라.

불자로서 온갖 생명 있는 것을 죽이거나 남을 시켜 죽이거나 수단을 써서 죽이거나, 죽기를 찬탄하거나, 죽이는 것을 보고 기뻐하거나, 주문呪文을 외워 죽게 해서는 안 된다. 보살은 항상 자비심과 효순한 마음으로 방편을 다해서 일체중생을 구호하여야 한다.

2. 훔치지 말라.

불자로서 주인 있는 물건이나, 도둑들이 훔친 것이나, 온갖 재물을 바늘 하나, 풀 하나라도 제가 훔치거나 남을 시켜 훔치거나, 수단을 써서 사기, 횡령하거나, 주문을 외워 도적질해서는 안 된다. 보살은 항상 모든 사람을 도와서 복이 되고 즐겁게 해야 한다.

3. 사음하지 말라.

불자로서 음란하거나 남을 시켜 음란하게 하거나 모든 이성異性에 대해 음심을 내어서는 안 된다. 보살은 응당 효순한 마음으로써 일체중생을 널리 구원하고 청정한 법을 일러 주어야 한다.

4. 거짓말하지 말라.

불자로서 거짓말하거나, 남을 시켜 거짓말하거나, 수단을 써서 거짓말하여서는 안 된다. 보살은 항상 올바른 말을 하게 하고 올바른 소견을 가지게 하여야 한다.

5. 술을 팔지 말라.

불자로서 온갖 술을 팔거나, 남을 시켜 팔게 해서는 안 된다. 술은 죄를 저지르는 인연이 되는 것이다. 보살은 항상 일체중생에게 밝고 통달한 지혜를 내게 해 주어야 한다.

6. 사부대중의 허물을 말하지 말라.

불자로서 출가한 보살이나, 재가在家한 보살이나, 비구나 비구니의 허물을 제 입으로 말하거나, 남을 시켜 말해서는 안 된다. 보살은 혹 나쁜 사람들이 불법에 대해서 좋지 못한 소리 하는 것을 듣더라도 언제나 자비심으로 이 사람들을 타일러서 대승大乘에 대한 신심을 내게 하여야 한다.

7. 자기 자랑을 하지 말고 남을 모함하지 말라.

불자로서 자랑만 하고 남을 모함하거나 남을 시켜 자기를 칭찬하고 남을 훼방해서는 안 된다. 보살은 응당 일체중생을 대신하여 비방과 치욕을 받으며, 나쁜 일은 자기에게 돌리고 좋은 일은 남에게 돌려주어야 한다.

8. 간탐 부리고 욕설하지 말라.

불자로서 인색하거나, 남을 시켜 간탐을 부리게 해서는 안 된다. 보살은 온갖 가난한 이가 와서 달라 하거든 그 사람이 요구하는 대로 무슨 물건이나 아낌없이 나누어 주고, 그리고 좋은 말로 법문도 가르쳐 주어야 한다.

9. 진심을 내지 말고 화해하라.

불자로서 성내거나, 남을 시켜 성내게 해서, 온갖 중생이나 그밖의 것에 대하여 나쁜 욕설을 하며, 주먹질이나 매질을 하고, 그 사람이 좋은 말로 참회하여도 성내는 마음을 풀지 아니해서는 안 된다. 보살은 언제나 끝없는 자비심으로 모든 중생을 평화롭게 하며, 자비한 마음과 마음을 내게 하여야 한다.

10. 삼보를 비방하지 말라.

불자로서 불법승 삼보를 비방하거나, 남을 시켜 비방해서는 안 된다. 보살은 언제나 신심과 효순심을 내며, 만일 외도나 악한 사람의 한마디라도 부처님 법문을 비방하는 말을 들으면 삼백 대의 창칼로 나의 심장을 찌르는 듯 여겨야 한다.

사십팔 경구계

이 계를 범하면 대중 앞에서 참회하여 허물을 뉘우쳐야 하므로 경구계라 한다.

- 보살계를 받은 이는 일체 선신善神들이 그의 몸을 보호하리니, 반드시 보살계를 받으라. 그리고 스승과 벗을 공경하고 공양하여야 한다.
- 술 때문에 생기는 허물이 한량없어서, 술잔을 남에게 권하고도 오백 생 동안 손 없는 과보를 받는다. 일부러 마시지 말고 남에게 먹이지도 말라.
- 고기를 먹으면 자비의 종자를 끊게 되어서, 중생들이 보고는 달아나게 된다. 고기를 먹는 것은 무량한 죄가 되니 일체 중생이 고기를 먹지 말라.
- 마늘, 부추, 파, 달래, 홍거 등 오신채五辛菜를 무슨 음식에나 넣어 먹지 말라. 생으로 먹으면 진심塵心―속세의 일에 더럽혀진 마음―을 돋우고, 익혀 먹으면 음심淫

心을 돋우며, 나쁜 냄새로 선신들은 멀리하고 악귀신은 입 맞추어, 위신과 복덕이 감해진다.
- 허물 있는 사람을 보고 그냥 두지 말고 잘 가르쳐서 참회하게 하라.
- 법사나 도인道人을 보거든 정성껏 잘 모시되, 예배하고 공양하며 몸을 단정히 하고 부지런히 법을 배우라.
- 설법하는 것이 있으면, 어디든지 부지런히 가서 법을 들으라.
- 외도外道들의 그릇된 소견이나, 소승小乘들의 경율을 믿지 말고, 대승법만을 잘 믿으라.
- 팔복전八福田 가운데서 간병看病하는 것이 제일가는 복전이다. 병든 사람을 보거든 부처님같이 받들어서 잘 간호하라.
- 보살은 설사 부모를 죽인 이에게도 원수를 갚지 않아야 한다. 중생을 죽이는 기구는 무엇이나 마련해 두지 말라.
- 잇속을 위하여 나쁜 마음으로 그릇된 사람의 심부름을 하지 말라.
- 노예나 동물 매매, 관棺장사 같은 나쁜 장사를 하지 말라.
- 나쁜 마음으로 남을 중상하고 모략하여, 불행하게 만들지 말라.
- 함부로 불을 놓아 산림山林이나 그밖에 온갖 물건을 손상하지 말라.
- 모든 사람에게 소승법을 가르치지 말고, 대승 경율을 일러 주어 모두 보리심을 발하게 하라.
- 이익을 탐하여 비위를 맞추려고 부처님 말씀을 거꾸로 지껄여

서 삼보를 욕되게 해서는 안 된다. 좋은 마음으로 대승법을 절차에 따라 가르쳐서 소신燒身, 연비燃臂, 연지燃指 같은 어려운 행도 하게 하고, 다음에 정법을 말하여 마음이 열리고 뜻이 통하게 하여야 한다.

- 세력 있는 이에게 아부하여 그 행세를 믿고서 나쁜 짓을 하며, 온갖 명예와 재물을 악구惡求하지 말라.
- 경전을 배우고 계를 잘 지니며, 그 뜻을 통달해야 하는데 아무것도 모르면서 거짓 아는 체하여, 남의 스승이 되어서는 안 된다.
- 나쁜 생각으로 이간을 붙여서 화합을 깨뜨리거나, 착한 이들을 비방하고 업신여기지 말라.
- 자비심으로 방생법을 행하여 죽게 된 생명을 구제하라. 그리고 친한 이가 죽은 날에는 법사를 청하여 보살계 경율을 강의하여 망령에게 복이 되게 하라.
- 마주 성내고 마주 때려서는 안 된다. 부모를 죽인 원수라도 죽인다고 원수 갚는 것은 아니다. 어떠한 원수이거나 갚으려 하지 말고 자비심으로 대하라.
- 법사를 대하여 문벌이나 성바지나 나이나 인물 등을 따지지 말라. 온갖 교만한 마음을 버리고 법사 앞에 나아가서 올바른 법을 청하여야 한다.
- 보살계를 받을 적에 천리千里 안에 계를 줄 법사가 없거든 불보살 형상 앞에서 지극하게 기도하여 서상瑞相을 보아서 받고 법

사 앞에서 받을 적에는 지중한 마음을 내어야 한다.

그리고 법사로서는 새로 발심한 이가 경율의 뜻을 물을 때에 교만한 마음으로 업신여기지 말고 일일이 잘 가르쳐 주어야 한다.

- 부처님의 정법을 부지런히 배워 익히지 않고, 잡되고 속된 공부를 배우지 말라.
- 한 회상會上에 책임자가 되거나 여러 가지 소임을 맡거든 대중의 화합을 위해 힘쓰고 삼보의 물건을 잘 수호하여야 한다.
- 자기가 있는 곳에 객스님이 오거든 반가이 맞아 정성껏 대접하며, 혹 신도에게 공양청供養請을 받더라도 객스님 몫을 생각하여야 한다.
- 신도가 올리는 공양은 시방승十方僧에 속하는 것이요, 팔복전에 드는 물건인데 제 혼자 별청別請을 받아 수용하지 말라.
- 칠불七佛은 별청2법이 없다. 복전福田인 스님네들 청할 적에는 어떤 분만을 따로 청하지 말고, 평등한 마음으로 차례대로 청해서 똑같이 대접하라.
- 옳지 못한 생각으로 잇속만을 위하여 매음賣淫하거나 점占을 치거나 독동물을 기르는 약 같은 것을 파는 나쁜 직업을 하지 말라.
- 행동은 유有에 걸리면서 입으로만 공空했다고 지껄여서 삼보를 욕되게 해서는 안 된다. 신도들을 잘 가르쳐서 육재일六齋日과 삼장재일三長齋日과 삼장재월三長齋月 같은 좋은 때에는 특히

재계齋戒를 지키게 하여야 한다.
- 나쁜 세상에 몹쓸 사람들이 불상이나 경전을 훔치거나 팔거나 스님네나 발심보살 도인들이 팔려 와서 욕 당하는 것을 보거든 어떤 방편으로든지 건져 내어야 한다.
- 중생을 상해하는 무기를 팔거나 속이는 저울과 적게 드는 말로 장사하거나 남의 다 된 공을 깨뜨리거나, 여러 가지 살생할 동물을 기르는 등, 중생을 해롭게 하는 일을 하지 말라.
- 방일한 마음을 가지고 온갖 남녀의 싸움 구경이나, 군진軍陣 전쟁하는 것을 구경하거나, 또는 마음을 방탕하게 하는 온갖 음악 소리를 듣거나, 여러 가지 노름과 여러 가지 점을 치는 일과 쓸데없는 심부름을 하지 말라.
- 생각 생각에 보리심을 발하여야 하나니, 잠시라도 소승이나 외도의 마음을 일으켜서는 안 된다.

 그리고 계율을 금강金剛과 같이 굳게 지니고 부랑을 차고 바다를 건너는 것과 같이 하며, 풀에 매였던 비구와 같이 하여 항상 대승에 대한 신심을 내어야 한다.
- 올바른 선지식과 좋은 도반을 만나기 원을 세우며, 또한 여러 가지 거룩한 원을 발해서 무진 삼보를 잊지 말라.
- 원을 발하고서는 어떠한 일이 있을지라도, 삼세제불의 계율을 범하지 않고, 끝까지 바른 길로 정진할 것을 굳게 맹세하라.
- 위태하고 험난한 곳에 함부로 다니지 말고, 열여덟 가지 물건을

지녀야 하며, 반월半月마다 '포살'하되 계율을 외우고 서로 잘못을 참회하라.
- 계 받은 차례대로 앉되, 사부대중, 비구, 비구니, 우바새, 우바이을 구별하여, 높고 낮은 차례로 앉으라.
- 중생을 널리 교화하여 절과 탑을 세우게 하고, 보살계 경율을 많이 독송하고 강설하여 복덕과 지혜를 갖추고 닦게 하라.
- 칠역죄七逆罪를 지은 사람을 제하고는 계 받을 이를 차별하지 말라.

그리고 계 받으며 몸에 입은 가사袈裟는 오색五色을 합해 물들여 괴색壞色해서 격에 맞게 하여 입을 것이며, 이러한 옷을 입은 출가한 사람은 임금이나 부모에게도 절하지 말며, 친척이나 귀신에게도 경례하지 않아야 한다.
- 명예와 이익을 위하여 모르는 경율을 아는 척하면서 제자를 많이 두려고 해서는 안 된다.

십중계十重戒를 범한 사람은 불보살 형상 앞에서 기도하되 피눈물로 참회해서 서상瑞相을 보도록 하고 사십팔 경계經戒를 범한 이는 법사를 대하여 참회하면 죄가 소멸되는 것이니, 가르쳐 주는 법사는 이런 법의 내용과 경 가운데에 있는 온갖 미묘한 법의 깊은 뜻도 통달해서 잘 알아야 한다.
- 이익을 위하여 보살계를 받지 않는 외도外道, 악인惡人, 사견인邪見人에게 천불千佛의 대계大戒를 함부로 설하지 말라.

- 신심으로 출가하여 부처님 계를 받고서 일부러 파계破戒할 마음을 내어서는 안 된다.

  파계한 자는 오천五天 대귀大鬼들이 항상 앞을 막고 '대적大賊'이라고 욕하면서 그 발자국을 쓸며, 세상 사람들은 모두 '불법 안에 도둑!'이라고 꾸짖으며 일체중생이 다 보기 싫어할 것이다. 파계한 몸으로 절대 시주의 공양을 받지 말라.

- 경전과 율문을 일심으로 독송하고 정성을 다해 서사書寫하며 항상 금은金銀, 칠보七寶와 좋은 향기로서 주머니를 만들어 담아 놓고 지성으로 모셔야 한다.

- 항상 대비심을 일으켜 일체중생을 볼 적마다 '삼귀의三歸依'와 '십계十戒'를 받으라 가르치며, 어떤 동물을 보든지 '보리심을 발하라' 하고 속으로 생각하고 입으로 말해 주어야 한다.

- 설법할 때에는 반드시 높은 자리에서 해야 한다. 그리고 엄숙하고 정숙하며 법답게 예식을 갖추어야 하고, 듣는 이들은 향과 꽃으로 공양하고 정성을 다 바치도록 하라.

- 신심으로 부처님 계를 받은 왕이나 관리들은 자기들이 고귀하다 하더라도 부처님 교단의 자유를 구속하는 법률이나 명령을 내려서는 안 된다.

  보살은 바로 일체 사람들의 공양을 받을 존재인 것이니, 이 삼보를 보호해야 한다.

- 좋은 생각으로 출가했으면서 명예와 이익을 위해서 왕이나 관

리들과 결탁하여 같은 스님네를 속박하게 하거나 교단을 파괴하는 인연을 지어서 마치 사자의 몸속에서 생긴 벌레가 사자의 살을 파 먹듯 해서는 안 된다.

보살은 차라리 지옥에 들어가서 백겁 동안을 지낼지언정 불법을 비방하고 파괴하는 소리 한 번 듣는 것을 더욱 괴로워해야 할 것이다. 불법을 대하기를 외아들 사랑하듯 부모 섬기듯 하여 파괴되지 않게 하여야 한다.

모든 불자들은 명심해서 행할지어다.

부록 1

발원문

불교입문

반야심경

摩訶般若波羅蜜多心經

마하반야바라밀다심경

觀自在菩薩 行深 般若波羅密多時 照見 五蘊皆空 度一切苦厄

관자재보살 행심 반야바라밀다시 조견 오온개공 도일체고액

舍利子 色不異空 空不異色 色卽是空 空卽是色 受想行識 亦復如是

사리자 색불이공 공불이색 색즉시공 공즉시색 수상행식 역부여시

舍利子 是諸法空相 不生不滅 不垢不淨 不增不減

사리자 시제법공상 불생불멸 불구부정 부증불감

是故 空中無色 無受想行識

시고 공중무색 무수상행식

無眼耳鼻舌身意 無色聲香味觸法 無眼界 乃至 無意識界

무안이비설신의 무색성향미촉법 무안계 내지 무의식계

無無明 亦無無明盡 乃至 無老死 亦無老死盡

무무명 역무무명진 내지 무노사 역무노사진

無苦集 滅道 無智 亦無得 以無所得故

무고집 멸도 무지 역무득 이무소득고

菩提薩陀 依般若波羅密多 故心 無罣碍 無罣碍故 無有恐怖
遠離顛倒 夢想 究竟涅槃

보리살타 의반야바라밀다 고심 무가애 무가애고 무유공포
원리전도 몽상 구경열반

三世諸佛 依般若波羅密多 故得 阿耨多羅三藐三菩提

삼세제불 의반야바라밀다 고득 아뇩다라삼먁삼보리

故知 般若波羅密多 是大神呪 是大明呪 是無 上呪 是無 等等呪

고지 반야바라밀다 시대신주 시대명주 시무 상주 시무 등등주

能除一切苦 眞實不虛 故說 般若波羅密多呪 卽說呪曰

능제일체고 진실불허 고설 반야바라밀다주 즉설주왈,

揭諦揭諦 波羅揭諦 波羅僧 揭諦 菩提 娑婆訶

아제아제 바라아제 바라승 아제 모지 사바하

반야심경 풀이

사리자여. 물질적 현상이 본질인 공과 다르지 않으며, 공 또한 물질적 현상과 다르지 않으니, 물질적 현상이 곧 본질인 공이다. 그러므로 공이 곧 물질적 현상이므로 감각작용, 지각작용, 의지적 충동, 식별작용도 다 공이다.

  사리자여. 이 모든 존재들은 표면적 형상으로 생겨나는 것 같기도 하고 없어지는 것 같기도 하고, 깨끗한 것 같기도 하고 늘어나는 것

같기도 하고 줄어드는 것 같기도 하지만 이 모든 현상계의 본질적 차원, 즉 관세음보살의 차원에서는 생겨나는 일도 없고, 없어지는 일도 없으며, 깨끗한 것도 없고 더러운 것도 없으며, 감소하는 일도 없고 증가하는 일도 없다는 것을 알아야 한다.

사리자여. 이 현상계의 본질적인 차원인 공의 입장에서는 물질적 현상도 없고 감각작용과 지각작용 그리고 의지적 충돌과 식별작용도 없다.

사리자여. 그러나 공의 세계에서는 시각, 청각, 후각, 미각, 촉각, 사유작용 등 감각작용도 없고 빛깔과 형상, 소리, 냄새, 맛, 감촉, 비 감각적 대상인 원리 등 객관 대상도 없으며 청각, 후각, 미각, 시각의 영역과 사유의 영역 또한 없다.

또한 사리자여. 공의 세계에서는 무명도 없으며 행, 식, 명, 색, 촉, 수, 애, 취, 유, 생인 무명의 소멸도 없으며, 늙고 죽음이 없으며 또한 늙고 죽음의 소멸도 없다.

사리자여. 공의 세계에서는 고통이 없고 고통의 원인도 없으며 그 원인의 소멸도 없고 그 고통의 소멸에 이르는 수행 방법도 없다는 것을 알아야 한다.

그러므로 이 공의 세계에서는 깨달음도 없고, 깨달음을 얻은 것도 없으며, 깨달음을 얻지 못한 것도 없다.

사리자여. 보리살타는 반야바라밀에 모든 것을 의지하므로 마음에 걸림이 없으며 걸림이 없으므로 두려움도 없다는 것을 알아야 한다. 그러므로 보살은 뒤바뀐 잘못된 생각을 떠나 마침내 열반에 이르렀다는 것을 알아야 한다. 따라서 과거, 현재, 미래의 모든 부처님도 이 반야바라밀다에 의지하여 최상의 깨달음인 아뇩다라삼먁삼보리를 얻었다는 것을 알아야 한다.

그러므로 이 반야바라밀은 말로 표현할 수 없는 큰 신비한 주문이며, 큰 밝은 주문이며, 큰 최상의 주문이며, 차마 이 세상의 그 어떤 것보다도 최상의 주문임을 알아야 한다. 이 주문은 능히 일체의 고액을 소멸시키며 진실하며 거짓이 없다. 그리하여 부처님께서 말씀하시길, 이 반야바라밀의 주문을 일러 가로되!

피안으로 가자.
함께 저 피안으로 가자.
피안에 도달하였네.
아! 깨달음이여 영원하라!

일상 발원문

거룩한 부처님
무한한 지혜와 자비의 빛으로
저희들 마음의 어둠을 밝혀 주옵소서.
저희들이 지난 날 무명의 구름에 가려
욕심과 성냄과 어리석음으로 지은 잘못을
참회하옵니다.
오랜 세월 동안 스스로 짓고
스스로 받은 인과의 도리를 알지 못하여
갈 길 몰라 헤매었나이다.
이에 바른 법을 만나 귀의하오니
그 공덕으로 업보의 무거운 짐을 벗고
해탈의 밝은 빛을 찾아 자비의 품에 들게 하소서.
세간의 등불이시며
온갖 공덕으로 중생을 인도하시는 부처님!

저희가 어둠 속에서 방황할 때
당신의 빛을 만나게 하시고
시련으로 고통을 당할 때
당신의 손을 잡게 하시며
불화로 인하여 반목할 때
당신의 미소를 보게 하시고
나태와 좌절에 빠져 허덕일 때
당신의 고행을 배우게 하소서.
복덕과 지혜를 다 구족하신 부처님!
지금 저희들 가슴속에 간절히 원하는 일들이
모두 다 이룩되게 하여 주옵소서.
발원하옵나니
모든 생명과 모든 사람들이
행복하고 평화롭도록 가피를 내려 주옵소서.
나무석가모니불.
나무석가모니불.
나무 시아본사 석가모니불.

불교입문

자비 발원문

종성鐘聲이 울립니다.
새벽의 어스름을 거두는 천 년의 무게가
무릎 끓어 엎드린 우리의 잔등을 타고 퍼져 나갑니다.
손마디는 종쇠의 고동을 따라
떨림을 멈추지 못하는데
아하, 세존이시여!
이 가슴을 적셔 오는 흥분의 열기는 무슨 까닭입니까?
팔굽을 타고 등줄기를 타고 퍼져 울리는
온몸을 불태울 듯한 이 뜨거움은
무슨 까닭으로 우리를 감싸며 일렁이고 있나이까?
미처 세진世塵을 정갈하게 하지 못하고
아직도 해맑은 정수리를 감추지 못함에
그 부끄러움에 안쓰러워하는 어린 중생에게도
당신의 자비는 따사롭게 비치고 있습니다.

내려 주옵소서. 어루만져 주옵소서.
행여 우리가 치닫고자 하는 일에
헤아림이 벅차고, 행함이 힘겨웁다 하더라도
그 모든 발길에 당신의 뜻이 감싸 주신다면
그것은 광영光榮의 터전이 되옵니다.
안일을 정열로
어리석음을 지혜로
부끄러움을 장한 것으로
그리고 이를 수 없음을 해낼 수 있는
기세 당찬 용트림으로 뒤바꾸는 그런 내일이
우리를 기다리고 이를 수 있음을 자신하옵니다.
그런 내일을 후인後人에게 물려줄 수 있음을
당연히 장담하옵니다.
거룩하시어라. 세존이시여!
이제 여명의 때
들리는 종소리 잔잔히 가슴에 새기며
타오르는 향기 마디마디에 감추고
일렁이는 눈빛을 고즈넉이 내려 깔고
용솟음쳐 배겨 드는 힘과 힘을 다독거리나니
이것은 매무새를 여밈이요
앉음새의 바뀜이며
모양새의 다림질이옵니다.

담긴 정열 두레박에 담고

흐르는 의지 손끝으로 새김질하옵나니

메마르고 비뚤고 구차한 이

그들에게 다가가옵나니,

당신의 자비광명 흥건하게 하옵소서.

당신의 지혜 말씀 영원토록 하옵소서.

이 땅 위에

당신이 사랑하는 이에게

갈 길 잡아 한 걸음 디디우며 고하나이다.

나무석가모니불.

나무석가모니불.

나무 시아본사 석가모니불.

불교입문

아침 발원문

온 누리 밝게 비추어 이익되게 하시며
한량없는 광명을 내리시는 부처님!
진여의 태양은 찬란히 빛나고
법성의 바다 끝없이 넓고 깊어
위없는 보리 공덕 충만하오니
모든 중생의 국토가 기름져
저마다 서원 따라 얻어서
한 길로 깨달음에
나아가게 하여지이다.
이 아침 발원하오니
변하지 않고 진실하며 선하고 깨끗한
본래 마음으로 돌아가겠나이다.
모두를 용서하는 자비의 마음으로
슬기로운 하루, 감사하는 하루

기쁨의 하루가 되도록 살겠나이다.
부처님!
나날이, 새로운 생명과 감동의
나날이 되기를 바라옵니다.
하루하루가 즐겁고
기쁨이 약동하는 인생이기를 원하옵니다.
부처님의 원력 속에서
출발하는 이 아침은
기쁨과 광명, 승리의 아침입니다.
거룩한 부처님 뜻에 따르렵니다.
나무석가모니불.
나무석가모니불
나무 시아본사 석가모니불.

불교입문

저녁 발원문

거룩하신 부처님께 지성으로 귀의하옵고
합장발원하옵니다.
이제 하루의 일과를 끝내고
여래의 집 가운데 편히 쉬려 하옵니다.
자비의 손길을 드리우사 거두어 주옵소서.
여래의 법성은 청정하오니
마음의 먼지와 때를 씻어 주시고
무한한 공덕으로 저의 모자람을 채워 주시고
저의 아픔을 달래 주소서!
오늘 하루가 이웃을 위한 삶이었는지
반성하고 참회하오니
원하옵건대 어두운 세상에서 저의 몸과 마음을
부처님의 자비 광명으로 지켜 주시어
밝고 건강한 새 아침을 맞게 하소서.

부처님의 자비 원력에 의지하며 발원하나이다.

나무석가모니불

나무석가모니불.

나무 시아본사 석가모니불.

공양 발원문

(식사 전에 합장하고)
한 방울의 물에도
천지의 은혜가 스며 있고
한 톨의 곡식에도
만인의 노고가 담겨 있습니다.
이 음식으로 이 몸을 길러
몸과 마음을 바로 하고 청정하게 살겠습니다.
또한 수고한 모든 이들이
선정 삼매로 밥을 삼아
법의 즐거움이 가득하여지이다.
나무석가모니불.

(식사 후에 합장하고)
이르는 곳마다 부처님의 도량이 되고

베푼 이와 수고한 모든 이들이
보살도를 닦아
다 같이 성불하여지이다.
나무석가모니불.

불교입문

가내 길상 발원문

언제나 큰 자비로 중생을 이롭게 하시며
법비 내려 저마다의 그릇따라
평등하게 채워 주시는 부처님!
여기 한 가족이 모여
불법승 삼보의 존귀하심을 찬탄하며
참되고 슬기롭게 살기를 발원하고 있사옵니다.
바라옵건대
저희가 보살도 닦는 가운데
어느 곳 어느 때에나
부처님의 자비로운 위신력이
함께하여 주시옵소서.
세간의 큰 복밭이신 부처님!
우러러 원하오니
저희들 신심은 날로 깊어지고

집안이 화평하고
자손은 학업에 전념하며
사업이 번창하여 이웃 위해 뜻하는 모든 일들이
크게 이루어지게 하소서.
가슴속에 지닌 원력 크게 빛나
가는 길마다 막힘이 없고
하려는 일마다 순조로우며
만나는 사람마다 착한 뜻 함께하여
머물고 가는 곳에 기쁨의 노래 이어지며
널리 모든 사람의 참된 빛이 되어
정법으로 인도하고
정토를 이룩하여 부처님의 크신 은혜 갚게 하옵소서.
그리하여 저희 가족 모두가 불법에 대한 믿음 두터워져서
어린이에게는 꿈을 어른에게는 희망을
노인에게는 건강을 주시어
삶의 보람과 기쁨 속에서
집안이 날로 번성하고
복덕이 늘어 가도록 보살펴 주옵소서.
거룩하신 부처님께 귀의하고 발원합니다.
나무석가모니불.
나무석가모니불.
나무 시아본사 석가모니불.

불교
입문

행복한 가정을 위한 발원문

자애로우신 부처님!
여기 원겁의 인연으로 만난
여래의 아들딸들이 모여 있나이다.
저희들이 이렇게 모여
마음 모아 합장하고
기도할 수 있는 도량(가정)이 있도록
베풀어 주신 크나 큰 은혜에 감사드립니다.
저희들 항상 바른 마음으로
삼보를 믿고 따르는 가정이 되게 하소서.
우리는 모두 불성을 갖춘 존엄한 애명이며
진정한 법의 형제라는 법연에 눈을 뜨고
가정이 서로의 심성을 닦아 가는
수행의 도량 되게 하시며
우리 가정에는 언제나 옳고 바른 일들이

이루어져서
모두가 보살의 길에 들어
서로 믿고 양보하며 참는 덕행을 배우게 하소서.
언제나 자애로운 미소를 띄우고
사랑과 사명으로
새 법을 익혀 가는 복된 가정이 되게 하소서.
크게 인자하신 중생에게 복을 주시고
큰 자비로 중생에게 지혜를 주시는 부처님.
항상 정계淨戒 지키는 저희 가정을 보호하시어
저희 일을 증명하옵고
저희들의 발원을 들어주소서.
거룩하신 부처님과 보살님께 귀의하나이다.
나무석가모니불.
나무석가모니불.
나무 시아본사 석가모니불.

자녀를 위한 부모의 발원문

밝은 지혜와 힘차게 추진하는 능력을
모두 갖추신 부처님
저희 가정에 자녀 있음을 감사합니다.
저들이 선과 악을 구별하여
사악한 무리를 멀리하게 하시고
정법을 구하고 정의를 지키는
용맹스런 사자가 되게 하소서.
항상 부처님 곁에서 살게 하시어
사리자의 지혜와 아난의 불망염지와
금강역사의 강건함을 지니게 하소서.
그리하여 온갖 고난과 유혹에도 이겨내는
슬기와 용기를 배우게 하소서.
끝없는 공덕과 지혜의 밝은 광명으로 가는 길을
열어 주시는 부처님.

언제나 아들딸을 감싸 주시어
저들이 참된 지혜의 눈을 떠
스스로 완전한 삼성을 보게 하소서.
나무석가모니불.
나무석가모니불.
나무 시아본사 석가모니불.

송년 발원문

세존이시여.
한 해가 저물어 가는 길녘에서
이제 우리의 삶도
한 고개를 넘고 있음을 생각하옵니다.
돌이켜 보면, 한때는 보람과 기쁨이
더러는 회한과 쓰라림이 우리의 마음속에 일렁이었고
지금 이 순간도 부끄러움과 민망함을 옷깃에 담은 채
한 해의 노을을 지켜보게 되었나이다.
어버이 같은 세존이시여.
그래도 고통은 조금이었고
슬픔은 흘러가 버린 물길인 양 수그러들었나니
그만한 지경도 모두 당신의 가피였습니다.
크나큰 지혜 내려 주시어
그 말씀 이천오백 수억 수생의 숨결 되고

사막을 지나 강을 지나 산 넘어 바다 건너
이처럼 우리 가슴 적셔 주시고
이처럼 우리의 머리 맑혀 갈 길 바로잡으시나니
인연의 맺음새 두터웁고
이 땅의 합장 정례함이 자랑스럽나이다.
바라옵건대 세존이시여
이제 이 밤이 지나면
우리 가슴속에 감사의 마음을 크게 일으키시어
보다 작은 것에도
하잘것없는 결과에도
어린 이웃에게도 자주 합장하옵는
당신의 제자가 되게 하옵소서.
편견과 독단은 악령처럼 멀리하고
자신만의 안락함은 종이배처럼 띄워 보내고
되풀이되는 허물이 없도록
보다 탄탄한 믿음의 끈으로 맺어 주옵소서.
그리하여 천 개의 손인 양, 천 개의 눈인 양
어려움에 치여 고달파하는 이에게
우리가 필요하게 하여 주옵소서.
새로운 날에는 스쳐 가는 이의 가벼운 미소에서도
당신의 미소인 양 감사해하고
그 사람들의 가벼운 한숨에도

보살의 눈을 뜨게 하옵기를 바라는 마음 깊사와
이제 한때를 매듭지으며 우러러 발원하나이다.
나무석가모니불.
나무석가모니불.
나무 시아본사 석가모니불.

불교
입문

부처님 오신 날 봉축 발원문

서방 삼세에 두루하사 아니 계신 곳 없으시고
만유에 평등하사 일체중생을 제도하옵시는
거룩하신 부처님.
자비광명을 내리시고 감로 법문을 베푸시어
번뇌에 덮인 실상을 밝혀 주옵소서.
오늘 불기 ○○○○년 부처님 오신 날을 맞이하여
이곳에 모인 저희들은
부처님께서 사바에 나투신 큰 뜻을 다시 새기며
이 시대 이 땅에
부처님의 뜻을 꽃피우길 다짐하면서
깨끗한 마음으로 정성을 다하여 참회하고 발원하옵나니
대자비의 문을 열어 주옵소서.
거룩하신 부처님.
부처님께서는 중생들이

참 생명의 존귀한 빛이 있는 줄 모르고
끝없는 생사에 윤회하면서
한없는 죄업 속에 빠져 있음을
대자대비로 구원하시고자
룸비니 동산에 강탄하셨나이다.
이날은 더없는 기쁨의 날이요
생명의 날이니
저희들은 부처님께 일심으로
찬탄과 정례를 드리옵니다.
'하늘과 땅 위에 나 홀로 존귀하니
온 세상이 모두 고통에 휩싸여도
내 마땅히 이를 편안케 하리라'는 외치심이
온 우주에 울려 퍼졌으니
참으로 거룩하신 부처님의 공덕
미래세가 다하도록 법계에 두루 하오리다.
바라옵건대
부처님의 크신 원력으로
시방세계가 모두 평화롭고
저희들 조국의 국운이 날로 번창하고
남북이 통일되어
분단의 아픔과 불행을 없게 하여 주옵소서.
또 비와 바람 순조로워 온 국민의 생업이 풍요롭고

질병과 재난이 없이 나라가 평온하게 하소서.
이제 저희들은 불퇴전의 신심과 정진의 힘을
더욱 갈고 닦아 부처님의 정법을 널리 펴고
수호하려 하옵나니
저희들의 간절한 기원을 어여삐 여기사
지혜와 용기를 베풀어 주시옵고
부처님의 위신력으로 지켜 주시옵소서.
이 공덕 온누리에 회향하오니
모든 중생이 그릇된 길 벗어나
정법에 머물러 모두 해탈하게 하시며
저희 대승의 바른 믿음과 실천으로
불국토 건설에 앞장서게 하소서.
나무석가모니불.
나무석가모니불.
나무 시아본사 석가모니불.

> 불교
> 입문

출가절 발원문

자비심으로 중생을 이끄시고
지혜와 복덕으로 모든 장애를 없애 주시는
인천人天의 스승이신 부처님.
오늘 부처님의 출가절을 맞아 저희들은
새로운 뜻을 새기고
선행의 씨앗을 뿌려
공덕의 열매를 거두고자 합장 발원하나이다.
일찍이 한량없는 옛날 옛적에
이미 성불하셨으나 중생을 위하시는 큰 뜻으로
사바에 몸 나투시어 짐짓 보여 주신 구도의 길은
언제나 저희에게 큰 빛이 되고 있사옵니다.
거룩하신 부처님
당신은 욕망과 아집 속을 헤매이면서
한없는 육도육회 거듭하는 중생들에게

얽히었던 인연을 끊고 삼계의 고해를 뛰어넘는
출가의 큰 길을 보여 주셨습니다.
'괴로움의 뿌리를 완전히 없애기 위하여 출가한 것'이라고
하신 말씀과 같이
출가는 결코 현실의 도피나
속세를 떠난 은둔이 아니며
보다 큰 승리를 위한 위대한 결단이었습니다.
그러므로 출가를 일러 '크게 버리는 것'이라 하신 뜻도
헤아리겠나이다.
참된 출가란 세상의 유희나 오락, 쾌락에 물들지 아니하고
그런 유혹에 무관심한 것이라 하겠습니다.
꾸밈없는 진실을 말하며
진리의 샘물을 넘쳐흐르게 하며
홀로 가는 것이라 하셨습니다.
소리에 놀라지 않는 바람처럼
흙탕물에 더럽혀지지 않는 연꽃처럼
세간 속에 함께 있으면서도
탐욕에 물들지 않으며 홀로 가는 것이라 하셨습니다.
애욕의 바다에 빠져 있는 모든 중생의 괴로움을
지혜의 광명으로 소멸시켜 주시는 부처님
저희들은 발원하옵니다.
출가의 정신으로 살겠나이다.

어리석음도, 번뇌도, 절망도 제 것이 아닙니다.
'참된 나', '참된 내 것'은 오히려
모든 욕망과 어리석음과 번뇌와 절망을 뛰어 넘은
피안이 세계에 찬란히 빛나고 있음을
깨닫고자 하옵니다.
우리는 출가정신을 생명으로 하겠습니다.
거룩하신 부처님
저희들의 서원을 증명하고 인도하여 주시옵소서.
나무석가모니불.
나무석가모니불.
나무 시아본사 석가모니불.

불교입문

성도절 발원문

오늘은 싯달타 태자께서
세속의 향락과 왕자의 부귀도 헌신짝처럼 던져 버리고
윤회의 쇠사슬을 끊어 버리고자
깊고 넓은 애정의 바다에서 솟아나
설산에 드시어 고행하시다가
보리수 아래 금강보좌에서 결가부좌하시고
팔만사천의 악마들을 항복받아
생사의 고통 바다를 뛰어넘어 우주의 대진리를 깨달아
부처님이 되신 성도절입니다.
이 성스러운 날을 맞이하여
사부대중들은 몸과 마음을 청정히 하여
한자리에 모여 향 사르고 합장하여 발원하옵나니
자비의 대광명을 드리우사
저희들의 발원을 증명하여 주시옵소서.

대자대비하신 부처님

저희들은 신명이 다할 때까지

밝은 자비의 광명과 진리의 등불 아래

영원히 물러나지 않고

부처님의 전법제자로서

법륜을 굴리기를 서원하옵니다.

부처님,

저희들의 마음이 미약해지거나

저희들의 신심이 흐려질 때는

무한한 능력과 굳센 믿음의 힘을 불어넣어 주시옵소서.

오늘날과 같이 물질만능주의가 팽배하여

인간이 인간을 불신하는 풍조가

고조되어 있는 이때

우리 화합대중이 더욱 단결하여

교단의 발전은 물론

사회 국가와 인류평화의 원동력이 될 수 있게

큰 힘을 불어넣어 주소서.

부처님의 호념으로

우리민족의 숙원인 통일이 하루 속히 이루어져

버려진 북녘 땅에도 부처님의 광명이 충만하여

그리운 부모형제들이

손과 손을 마주 잡게 하여 주시옵고

오늘 이 성도절의 기념법회에 동참하신
불자의 가정에 부처님의 자비광명이 충만하시기를
두 손 모아 발원합니다.
나무석가모니불.
나무석가모니불.
나무 시아본사 석가모니불.

불교입문

열반절 발원문

진여의 세계에서 오셔서
진여의 세계로 가신 부처님.
천백억 화신으로 갖가지 방편으로
삼계 고해중생을 제도하시는 부처님.
오늘 '부처님 열반절'을 맞아
저희들은 조용히 합장하고 발원하옵니다.
일찍 룸비니 동산 무과수 아래 강탄하시어
가야의 보리수 아래 금강보좌에서 정각을 이루시고
45년간 중생을 위해 고구정녕하시다가
사바에서 그림자 거두시니
쿠시나가라 사라쌍수 아래였습니다.
부처님!
여래께서는 마지막 순간까지
중생 제도의 형상을 보이시고

'스스로 뉘우쳐 법을 등불을 삼으라' 하셨습니다.
열반에 드시는 그날까지
저희에게 자신을 격려해 주신
그 교법 골수에 새겨 둡니다.
부처님!
정변지 세간해이신 부처님의 가심은
가심이 아니라 열반입니다.
열반은 진리의 세계로 가는 것이며
모든 번뇌의 불을 꺼 버린
절대 안온한 적정의 경지입니다.
이 적정은 모든 형상과 이론과
자존적 아집이 소멸된 자리입니다.
부처님!
저희들은 여래의 열반을 통하여
영원한 모습을 다시 보옵니다.
끝없이 저희에게
열반의 경지를 가르치고 손짓하시는 자비의 미소.
열반의 미소를 더욱 가까이 느낍니다.
부처님!
저희 모두 열반을 향하게 하시어
모든 모순과 갈등의 무명을 다하게 하소서.
육신의 생명이 완전히 연소될 때

꺼지지 않는 열반의 불꽃을 얻게 하소서.
거룩하신 부처님께 귀의합니다.
나무석가모니불.
나무석가모니불.
나무 시아본사 석가모니불.

불교
십문

첫돌 발원문

항상 연화좌에 계시면서
중생의 인연따라 감응하시는 부처님
물 있는 곳마다 해와 달의 그림자 나타나듯
저희들의 소원을 들어주시옵소서.
오늘, 평소 돈독한 신심으로
집안일과 불사에 최선을 다해 온 ○○○불자의
새 식구가 돌이 된 날입니다.
속세에 쌓인 인연공덕으로
새로이 얻은 천진불자의 돌날을 맞으니
온 가정이 기쁨과 함께 광명으로 가득 차 있사옵니다.
복덕과 지혜 다 갖추신 부처님
이제 천진한 아이가 건강하고 슬기로우며
복덕을 겸비하여 어려움 없이 성장하고
가정은 화목하여 가족 모두의 뜻하는 바 일들이

다 잘 이루어지도록 보살펴 주시옵소서.
덕성과 지혜가 원만하여 가문을 빛내고
나라가 가장 필요로 하는 인재로 성장해서
사람들의 사표가 되게 하소서.
오늘 발원 공덕으로 천하가 태평하고
부처님 법 바퀴가 끊임없이 굴러
일체중생이 다함께
불보살님의 대자대비한 은혜를 입어지이다.
나무석가모니불.
나무석가모니불.
나무 시아본사 석가모니불.

불교
입문

생일 발원문

시방에 가득하고 삼세에 충만하시어
대자대비로 몸을 삼으시고
영겁이 다하도록 중생을 구제하시는
지혜와 덕상이 거룩하신 부처님.
저는 이날 사바에 인연이 깊어
부모님의 높으신 은혜를 입고
생명을 받아 태어난 날입니다.
사바세계를 일러 고해라 하신
부처님의 말씀을 더욱 뼈저리게 느끼면서
이제부터는 고행의 무서운 굴레를 벗어나는 데
더욱 용맹스러운 정진과 수행을 실현코자
굳은 결심을 하였습니다.
이미 사람의 몸을 얻고
만나기 어려운 불법을 만났으나

여러 생에 지은 업보 두터우니
부처님의 광명으로 소멸하여 주시옵소서.
저의 육신을 튼튼히 하고 지혜를 담아
가정의 행복을 위함은 물론,
국가의 발전과 인류의 평화 위해 봉사하는 불자가 되어
부처님의 은혜와 네 가지 은혜 갚으면서
보리도를 이루려는 서원을 굳게 세웁니다.
위로는 부처님의 자비세계에 들어가고
아래로는 일체중생을 제도하는 데 전심전력할 것을
또한 부처님 앞에 서원합니다.
말세라고 하나 삼세 모든 불·보살께서는
불가사의하신 위신력으로
무명 속을 헤매는 저희들에게
대자대비의 가피력을 주시어
참된 열반의 날을 성취할 수 있도록 하여 주시옵소서.
나무석가모니불.
나무석가모니불.
나무 시아본사 석가모니불.

불교
입문

회갑, 칠순, 팔순 발원문

마음이 빛이시고 몸은 우주이신 부처님께
몸과 마음 하나로 하여 의지하옵니다.
○○○ 불자는 부처님의 보살핌 속에서
무사히 오늘 회갑(혹은 진갑, 칠순, 팔순)을 맞아
감사의 정례 드리오니 발원하옵니다.
우주에 충만하신
부처님께서 증명하시고
굽어 살피시어 가피력을 주시옵소서.
저는 부모님의 은혜로 사바에 태어나서
늦게나마 부처님의 법을 만났으니
행복한 중생이옵니다.
하오나 여러 생에 쌓인 업연에 따라
방황과 좌절에 시달리며
다시 악업을 더했습니다.

이제 이순(耳順)에 들어 신심이 안정되고
세상을 바라보는 눈도
욕망과 사치에 흐르지 않는 때가 되었습니다.
과거부터 지금까지 지은 업보를
이 생의 인연이 다할 때까지
부처님 앞에 참회하오며
저의 능력이 미치는 데까지 부처님의 법을
이 세상에 심으려 하옵니다.
대자대비하신 부처님.
저의 가족들 모두 건강하고 지혜 성숙되어
이 세상 어디서나 필요로 하는 사람이 되고
부처님 법을 따르는
믿음 깊은 불자가 되게 하여 주시옵소서.
저의 주위에 저를 아는 이들도
모두 부처님께 귀의하여
불연을 심고 삼악도를 면하게 되어
저로 하여금 낡아 가는 육신을 부처님 위해
마지막 빛을 낼 수 있게 하여 주시옵기
간절히 원하옵니다.
나무석가모니불.
나무석가모니불.
나무 시아본사 석가모니불.

불교
입문

취직, 승진, 합격 발원문

오랜 세월 동안 참기 어려운 것을 능히 참고
실천하기 어려운 것을 능히 행하시어
마침내 화장세계의 보위에 이르신 후
중생을 위해 45년 동안
팔만사천의 법장을 열어 주신 부처님.
오늘 ○○○ 불자는
부처님의 원만구족하고 자비하신
공덕의 위신력을 입사와
새롭게 일할 수 있는 길을 얻게 되었습니다.
생각하오면 이 세상에서 겨자씨만 한 땅이라도
부처님과 보살이 중생을 제도하기 위해
땀 흘리지 않은 곳이 없다 하신
그 복덕에 힘입은 것이옵니다.
시상 삼세에 항상 계시어

모든 중생의 복전이 되시는 부처님
○○○ 불자의 마음을 살피시고
무슨 일을 하거나 한쪽에 치우치지 않고
중도의 길을 걷도록 하시며
지혜와 용기를 주시어
항상 바른 편에 서서 일을 행하여
모든 사람들의 모범이 되고
가정과 직장 그리고 사회를 위해
스스로 몸과 마음의 건강을 지키면서
큰일을 할 수 있는 능력을 주시옵소서.
불자로서 서원을 세워 오늘보다는 내일을
내일보다는 영원을 위해 사는 확고한 믿음을 주시고
맡은 임무를 원만히 수행하여
중생의 역사에 이바지하는 공덕을 세우도록
이끌어 주시옵소서.
○○○ 불자의 가족은 물론,
생각과 말을 나누어 일하며 함께 머무는 모든 사람들이
○○○ 불자의 보살행과 원력의 힘을 받아서
심신이 건강하고
복덕과 지혜가 날로 더하여
하고자 하는 일들도 다 원만히 성취되어
삼보의 위신력을 찬탄하면서

마침내 밝고 명랑한 사회를 건설하는
보살행을 실천하는 이들이 되게 하여 주시옵소서.
나무석가모니불.
나무석가모니불.
나무 시아본사 석가모니불.

> 불교
> 입문

개업, 이사, 안택, 준공 발원문

광명의 문을 열고 구원의 실상을 밝혀 주시는 부처님.
언제 어디서나 우리와 함께 계시면서
포근하게 감싸 주시오니 감사드리옵니다.
저희들을 어여삐 여기시고 자비로 섭수하여 주옵소서.
오늘 ○○○ 사는 ○○○ 불자가
이곳에 새로운 터전을 마련하고 기도드리오니
○○○ 불자에게 가피력을 내려 주시옵고.
이곳에서 경영하는 일이 장애 없이 잘 이루어지고
뜻하는 모든 일들이 다 성취되도록 도와주소서.
중생의 원력이 지극하면 때와 장소를 가리지 않고
정성에 감응하시는 부처님.
○○○ 불자와 가족들의 몸과 마음이 건강하고
수명은 늘어나며 복덕과 지혜 구족하여
경영하는 일들이 마음과 같이 원만히 이루어져서

생업의 안정으로 화목하고 우애하는 가운데
늘 서광이 비치는 가정이 되게 하여 주시옵소서.
그리하여 삼보를 믿고
그 가피 속에서 보람의 열매를 거두며
이웃에 부처님의 가르침을 심고
모든 사람들로부터 사랑받는 불자 가족이 되게 하소서.
○○○ 불자의 가족과 인연 맺은 모든 사람들도
중생을 위한 보살의 마음과 모두 지니고
천룡팔부 성중님의 보호 아래서
다 함께 수명장수 복혜 원만하여지이다.
나무석가모니불.
나무석가모니불.
나무 시아본사 석가모니불.

불교입문

문병, 쾌유 발원문

중생들의 병고를 치유하기 위해
어진 의사의 몸을 나투시는
대의왕이신 부처님.
온누리에 자비광명을 비추시고
저희에게 가피 주심에 감사드립니다.
지금 ○○○ 불자가
병들어 자리에 누워 있습니다.
아픔에 시달리는 동안 자신을 반성하고
부처님을 공경하는 마음
더욱 간절하옵니다.
다만 깊이 병든 몸이라 하늘을 훨훨 날고 싶은 뜻이
몸과 마음에 사무쳐 있으나
병마의 업연이 ○○○ 불자를 묶고 있사오니
대의왕이 본원력으로 가피를 내리시어

속히 쾌차하게 하옵소서.
'병은 번뇌 망념이 천연본심을 흔들 때 일어나나니
신심을 결정하여 안정하면
병은 저절로 사라져 버린다'고 하였습니다.
대의왕이신 부처님
○○○ 불자를 어여삐 여겨
미혹으로 인한 병의 뿌리를 제하시고
생각 생각 간절히 부처님이 떠오르는 가운데
밝은 의사의 신묘한 처방을 만나
본래의 건강을 되찾아
보람 있는 삶을 보내게 하여 주소서.
병든 모든 이에게 훌륭한 의사가 되어 주시는 부처님.
○○○ 불자로 하여금 아픔을 떨치고 일어나
기쁨이 넘쳐흐르는 건강을 회복하고
명랑한 생활인으로 나아가
가족과 사회의 목탁이 되게 하옵소서.
이렇게 발원한 공덕으로
○○○ 불자의 가족과 법계의 모든 중생들도
다 부처님의 대자대비 광명 속에서
생명의 실상을 증득하여지이다.
나무석가모니불. 나무석가모니불.
나무 시아본사 석가모니불.

사업 실패, 재난, 천재지변 발원문

헤아릴 수 없이 오랜 세월 수행하시어
마침내 정각의 위에 오르신 부처님
오늘 뜻하지 않은 어려움을 당하여 괴로워하는
○○○ 불자와 가족에게
대자대비하신 손길을 펼쳐
가호를 내려 주옵소서.
모든 인류의 한결같은 소망은
불행의 길에서 영원히 벗어나
화합 속에 낙원을 이루며 사는 것이옵니다.
그러나 지은 업이 같지 아니한 중생들은
온갖 고난에 시달리며
끊이지 않는 불행 속에 휘말리고 있사옵니다.
법구경에
'비록 착한 일을 한 사람도 착한 열매가

익기 전에는 악의 과보를 받는다'고 하셨습니다.
○○○ 불자가 오늘 당한 이 어려움은
지난 어느 날의 업보로
뜬구름 지나간 듯이 잊게 하시고
이 불자의 마음에 안정을 찾게 하소서.
사생의 자부이신 부처님
지금부터 ○○○ 불자에게
어떠한 어려움도 뚫고 나갈 수 있는
지혜와 용기와 능력을 주시어
부처님께서 인행 시에 고초를 인내하셨듯이
오늘의 제반 고난을 슬기롭게 이기고
다시 일어서게 희망을 주시옵소서.
오늘의 시련이 밑거름이 되어
새로운 희망을 가지고
부처님의 서광을 받으며
힘차게 전진하여 가정이 화평하고 사업이 번창하여
평소에 뜻한 것을 이루고
보살이 닦는
보람된 불자의 삶이 되기를
자비로우신 부처님께 진심으로 기원하나이다.
나무석가모니불.
나무석가모니불.

나무 시아본사 석가모니불.

지혜의 길

나는 보호자가 없는 사람의 보호자가 되어 주고 여행하는 사람의 안내자가 되어 주고 싶다. 등불을 구하려는 사람에게는 등불이 되어 주고 침상을 구하려는 사람에게는 침상이 되어 주고 종을 구하려는 사람에게는 종이 되어 주고 싶다. 모든 중생이 육체의 고통에서 벗어나 안락을 얻을 때까지 공간에 살고 있는 그들에게 여러 가지 많은 도움을 주고 싶다. 이제 나의 삶은 열매를 맺어 사람으로 태어난 보람 있는 존재가 된 것이다.

법회식순

촛불을 밝히고 향을 피운 후 삼배를 올린 다음 자리에 앉아 정진하며 법회를 기다립니다.

　개회-집회가-삼귀의-찬불가-반야심경-입정-발원문-정근-청법가-설법-사홍서원-공지사항-산회가

부록 2

찬불가

삼귀의

거룩한 부－처님께 귀의합니다
거룩한 가－르침에 귀의합니다
거룩한 스－님들께 귀의합니다

가야지

광덕스님 작사
박 범 훈 작곡

무상계

반영규 작사
박범훈 작곡

선묵혜자 스님과 마음으로 찾아가는
108산사의 노래

청담 큰스님

이은상 작사
김동진 작곡

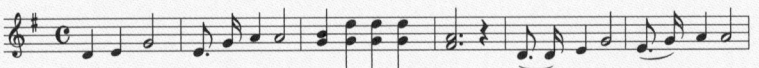

칠십년 한평생을 고행과 참 선 발-심과 서원으로
병들고 무딘중생 건지시려 고 막대짚고거-리로
열반의 백팔범종 울려퍼지 고 금-강경 독경소리

오직한마 음 없음의 큰진리를 깨달으시 어
내려오시어 동서도 밤-낮도 가림이없 이
은은한속 에 육신은 가시어도 법신은불 멸

지-혜와 법-력을 갖추시었 네 청담 큰 스 님
부-처님 귀한말씀 외치시었 네
성불하신 그-모습 바라봅니 다.

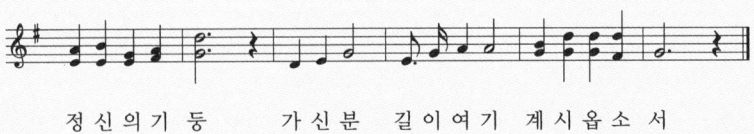

정신의기 둥 가신분 길이여기 계시옵소 서

보현 행원

정운문 작사
정민섭 작곡

부록 • 339

산회가

정운문 작사
정민섭 작곡

찬양합시다(찬불가)

조학유 작사
작곡자 미상

청법가

이광수 작사
이찬우 작곡

부처님 오신 날

천천히 장엄하게

김어수 작사
김용호 작곡

344 • 불교입문서

우리 스님

정운문 작사
추월성 작곡

성도제의 노래

이혜성 작사
서창업 작곡

열반의 노래

생일 축하

결혼식의 노래